Ulrike Richter

Natürlich und gesund wohnen

aethera®

die heilenden Kräfte im Menschen stärken,
die Bildung des eigenständigen Urteils unterstützen,
die Initiativbereitschaft von Patienten und Verbrauchern fördern.

An der Herausgabe des aethera-Programmes wirken mit:
der Verein für Anthroposophisches Heilwesen,
die Heilmittelfirma Weleda, die Gesellschaft Anthroposophischer Ärzte
und die Medizinische Sektion am Goetheanum.

Über dieses Buch:
In Bezug auf Ernährung und Kleidung achten viele Verbraucher inzwischen auf natürliche und gesunde Produkte, im Wohnbereich und bei der Haushaltsführung ist ein ökologisches Bewusstsein dagegen oft noch wenig entwickelt. Das liegt auch an mangelnden oder unübersichtlichen Informationen über Umweltgifte und Unverträglichkeiten bei Fußböden, Wänden, Textilien oder Putzmitteln. Ulrike Richter gibt daher viele nützliche Tipps und Anregungen für eine natürliche Lebensweise in den eigenen vier Wänden.

Was man über gesunde Schlafmaterialien wissen sollte, wie man durch natürliche Fußböden und eine individuelle Wandgestaltung ein angenehmes Raumklima schafft, wie man Reinigungsmittel umwelt- und hautverträglich einsetzt – all das erfährt der Leser in diesem wertvollen Ratgeber. Die Autorin hat auf die praktische Durchführbarkeit ihrer Angaben geachtet; außerdem kann der Einzelne durch die vielen Anregungen im eigenen Wohnbereich selbst kreativ werden …

Die Autorin:
Ulrike Richter, geb. 1962, Diplomsoziologin, Mutter von drei Kindern. Elf Jahre lang Chefredakteurin der Kundenzeitschrift *MAHLZEIT!* Zurzeit als Autorin, freie Journalistin und Diätberaterin tätig. Bei aethera erschien von ihr bereits *Lebensmittel schonend zubereiten. Ein praktischer Ernährungsratgeber.*

Ulrike Richter

Natürlich und gesund wohnen

Ein praktischer Ratgeber

aethera®

Wichtiger Hinweis: Sämtliche Angaben und Empfehlungen in diesem Buch wurden mit größter Sorgfalt überprüft und in Übereinstimmung mit dem neusten Wissensstand erarbeitet. Die Nennung von Handelsnamen oder Warenbezeichnungen geschieht im Rahmen der allgemeinen Pressefreiheit ohne Rücksicht auf Erzeugerinteressen; eine Werbeabsicht ist damit keinesfalls verbunden.

Für Fragen an den Verlag oder die Autorin benutzen Sie bitte die dem Buch beiliegende Antwortkarte.

Bildnachweis:
S. 77: agenda / Kottmaier. S. 49, 53, 56, 61, 70, 167 (2): Arbeitsgemeinschaft Naturfarben S. 75: Archiv für Kunst und Geschichte, Berlin. S. 16, 18, 19, 41, 43: AURO Pflanzenchemie GmbH. S. 146: Bildagentur Mauritius. S. 99: Bildarchiv Preußischer Kulturbesitz. S. 138, 141: Bio-Dienst Weiss GmbH. S. 174 (1 u. 2): Bundesverband der deutschen Gas- und Wasserwirtschaft e.V., Bonn. S. 176 (2), 180 (1 u. 2): Grünbeck Wasseraufbereitung GmbH. S. 21, 33, 149: Lavendelfoto Höfer, Hamburg. S. 176: Luba GmbH. S. 35, 76, 95, 96, 106, 107, 110, 112, 113, 114, 120, 126, 130: Origo. Olle & Manz GmbH. S. 67, 68: Ulrike Richter. S. 93: Rugmark/Transfair e.V. S. 167 (1): aus C. Sachs, J. Koop, *Ungebetene Hausgäste*, Darmstadt: Sachs-Verlag, [2]1996, S. 13. S. 157 (1 u. 2), 158, 161 (1 u. 2), 162: aus U. Sellenschlo, S. Kolls, *Ungeziefer verhindern und natürlich bekämpfen*, München: Ludwig Verlag 1996, S. 32, 34, 48, 51, 78, 98. S. 81, 91 (1 u. 2): aus W. C. Simonis, *Wolle und Seide*, Stuttgart: Verlag Freies Geistesleben, [6]1995, S. 55, 49 u. 45.

1. Auflage 2000
aethera im Verlag Freies Geistesleben & Urachhaus GmbH
Landhausstr. 82, 70190 Stuttgart
Internet: www.aethera.de
ISBN 3-7725-5014-2

Umschlagbild: Pictor International Uniphoto
Druck: Offizin Chr. Scheufele, Stuttgart

Inhalt

Der Schlüssel zum Buch

Ein schönes Heim, eine gemütliche Wohnung – wer wünscht sich das nicht? Die Mittel und Wege, dieses Ziel zu erreichen, sind dabei so unterschiedlich wie die Materialien selbst, die man zur Durchführung verwenden kann. Ob man eigenhändig den Pinsel schwingt, selbst einen Boden verlegt oder ein Möbelstück restauriert, hängt nicht zuletzt von der Kapazität des Geldbeutels, dem handwerklichen Geschick sowie der Freude an der damit verbundenen Arbeit ab. Das Aufbereiten alter Möbel ist für den Studenten vielleicht die einzige Möglichkeit, preiswert an eine anspruchsvolle Einrichtung zu gelangen, ein anderer sieht in dieser Tätigkeit eine sinnvolle Freizeitbeschäftigung. Ebenso verhält es sich mit der Wandgestaltung: Mancher mag hier an das lästige Verkleben einer Tapete denken, doch kann die Wand auch eine große, kreativ nutzbare Fläche sein, die sich mit Papier, Stoffen, Keramik, Farben oder Erden gestalten lässt. Besonders Naturfarben und -materialien kann man zu individuellen Wandbildern verarbeiten, wie sie in keinem Tapetenfachgeschäft erhältlich sind.

Als Mutter von drei kleinen Kindern war mir die Wahl der Farbe auch aus einem anderen Grund wichtig: Eine Kaseinfarbe z.B. ist eine hervorragende Malfarbe, die man bedenkenlos in Kinderhände geben kann. Das Besondere an der sehr einfachen Herstellung dieser Farbe ist außerdem, dass die Kinder zugleich einen Einblick in die Herstellung eines Werkstoffs bekommen, mit dem sie gern und viel hantieren. Ob deckend oder lasierend – Farben sind wichtig, weil sie unsere Seele berühren. Die Herstellung einer Farbe aus möglicherweise sogar selbst gesammelten Pigmenten lässt besonders Kinder eine Ursprünglichkeit erleben. Immerhin gehören die Körperbemalung und die Maskierung zu den frühesten Kulturäußerungen des Menschen. Giftfrei sollte Farbe schon deswegen sein, weil so eine Grenzenlosigkeit im Umgang gewährleistet ist: Ob sie als Wand-, Finger- oder sogar als Körpermalfarbe verwendet wird, bleibt schließlich dem eigenen Wunsch überlassen.

Im statistischen Mittel befindet sich jeder Erwachsene elf Stunden in Wohnräumen. Ältere Menschen, Mütter und Kinder verbringen sogar weitaus mehr Stunden in den von ihnen selbst gestalteten Zimmern. Die Wahl der Materialien zur Wohnraumgestaltung ist folglich von besonderer Bedeutung. Optik ist nur ein Aspekt, das optimale Raumklima ein weiterer, und schließlich gilt es, Schadstoffemissionen aus Möbeln, Farben, Bodenbelägen oder Wohntextilien zu vermeiden. Wohngifte haben in der Vergangenheit viele Menschen schwer erkranken lassen.

Gift in Lebensräumen? Der Widerspruch wird vielen erst bewusst, wenn sie unter Gesundheitsschäden leiden. So werden immer noch gedankenlos die verschiedensten Gifte versprüht, ausgelegt oder aufgetragen, um sich vor Keimen und «Schädlingen» zu schützen oder um die Widerstandsfähigkeit der Materialien zu verbessern. Leichtfertig wird mit Desinfektionsmitteln hantiert, die Wand wird mit synthetischen Tapeten versiegelt und der Fußboden mit einem preiswerten Belag «verschönt», der zwar leicht wischbar ist, aber das Raumklima durch Ausgasungen gefährdet und sich dann später noch als Sondermüll entpuppt.

Häufig gelangen hoch giftige Substanzen auch mit dem Kauf von so genannten «Naturmaterialien» in die Wohnung, z.B. in der Ledercouch befindliches PCP oder ein Mottenschutzmittel, das im Wollteppich steckt. Zwar macht die Dosis das Gift, doch selbst geringste Dosen, jahrzehntelang eingeatmet, schädigen die Gesundheit. Wer schließlich ganz bewusst zum Insektenvernichtungsmittel greift, hat das Maß mit Sicherheit überschritten. Leicht zugänglich bietet der Handel brisante Gifte gegen Tierparasiten, Fliegen, Motten oder andere Vorrats- und Textilschädlinge an, die auch der menschlichen Gesundheit schaden.

Die Langlebigkeit synthetischer Gifte schafft zunehmend Probleme. So ist das Trinkwasser vielerorten in großer Gefahr. Noch garantieren die Wasserwerke die Reinheit und Qualität, doch selbst Optimisten wagen nur ungern den Blick in die Zukunft. Wasserfilter und Wasseraufbereitungsanlagen werden immer öfter installiert und sollen vor Rückständen im Trinkwasser schützen. Zunächst einmal kosten diese Geräte allerdings Geld – eine Investition, die sich tatsächlich auch lohnt?

Möglicherweise sollte man vor dem Kauf einer Wasserfilteranlage einmal über die Produktionsbedingungen vieler Materialien nachdenken, die hierzulande der Wohnraumgestaltung dienen. Lederhäute z.B. werden preiswert aus Billiglohn- und Entwicklungsländern importiert, denn dort gibt es keine Auflagen für den Umweltschutz. Völlig ungefiltert werden hoch giftige Chemikalien aus der Gerbung und der Lederfärbung in die Flüsse eingeleitet. Gleiches gilt für die Textilbranche. Welche Schäden der Umwelt und den Arbeitern dadurch zugefügt werden, wird hierzulande in der Regel ebenso verschwiegen wie die Kinderarbeit, die vielen nur in Hinsicht auf das Teppichknüpferhandwerk bekannt ist. Dass menschenunwürdige Zustände überhaupt publik gemacht werden, ist immer die Aufgabe einer Lobby, doch die Ärmsten der Armen haben nur selten eine solche – sie haben schließlich auch kein Geld.

Vielleicht kann dieses Buch dazu beitragen, bewusste Kaufentscheidungen zu treffen, die zum einen die eigene Gesundheit schützen, zum anderen aber auch eine größere Sozialverträglichkeit fordern. Möglicherweise kann es auch dazu beitragen, ein tieferes, an den Sinnen orientiertes Verhältnis zu Farben, Fasern, Erden und anderen natürlichen Materialien zu gewinnen. Der schnelle Kauf einer gefälligen Ware – ob Farbe, Textilien oder Mustertapete – kann allenfalls einen Kompromiss darstellen, gemessen an den Möglichkeiten.

Spätestens hier argumentieren viele mit den scheinbar so hohen Kosten für ökologische Naturwaren. So kann man in Deutschland z.B. aufgrund höherer Gehälter und strengerer Umweltauflagen keine «Billigware» produzieren, die den genannten Ansprüchen gerecht wird. Den Preis für die Umweltzerstörung zahlen wir dennoch – und sei es in Form von Wasseraufbereitungsanlagen, die die Gifte längst vergangener Jahrzehnte heute aus dem Trinkwasser holen. Und wer sagt, dass wir für die Schäden in den Billiglohnländern nicht auch bezahlen müssen?

Ökologisch verantwortungsbewusst denken und handeln muss aber nicht zwangsläufig teurer sein. Geld, das man für hochwertige Textilien und Lederwaren ausgibt, spart man möglicherweise bei der Wandgestaltung wieder ein. Der billige Fußbodenbelag ist nach wenigen Jahren verwohnt und muss erneuert werden, während sich die Dielenbretter seit Jahrzehnten unter den Füßen gemütlich biegen. Und die alte Vitrine von Oma wird seit jeher mit pflanzlichen Wachsen gepflegt und kann es problemlos mit dem Schrank aus Spanplatten aufnehmen, der bereits direkt nach dem Kauf signalisiert, dass seine Nutzbarkeit nur von eingeschränkter Dauer ist. Auch die Sammlung an Putz- und Reinigungsmitteln kostet viel, und zwar fortlaufend; dabei ließe sich gerade hier viel unnötiges Geld einsparen. Und schließlich hält man sich in einer liebevoll eingerichteten Wohnung mit einem gesunden Wohnklima gern auf, man findet Ruhe und Entspannung – was ist kostbarer in unserer hektischen Zeit?

Das Bedürfnis nach geruhsamem Schlaf lassen sich die Deutschen viel kosten. Im Jahr 1999 wurden für frei verkäufliche Schlaf- und Beruhigungsmittel 496 Mio DM ausgegeben, zusätzlich 262 Mio DM für pflanzliche Produkte. Vielleicht würde manchem ein neues Bett besser nutzen. Etwa ein Drittel seines Lebens verbringt der Mensch schließlich im Bett – Grund genug, es nicht als Möbelstück, sondern als Lebensraum im Raum zu betrachten. Und vielleicht träumen Sie dabei ja von Ihrer gemütlichen Wohnung, die Sie dann schrittweise und liebevoll gestalten werden: mit Spaß und hoffentlich einer lang anhaltenden Freude …

Es ist, ihr möget wollen oder nicht,
das Haus der Spiegel eurer selbst.

Gotthelf

Naturmaterialien von «Grund» auf: Fußböden

Fußwarm und pflegeleicht soll er sein, dabei das Raumklima positiv beeinflussen: der Fußboden. Auslegware ist billig und erfüllt trotz vieler Versprechungen nur selten den Zweck. Vielleicht ist es die Modefarbe, die zum Kauf verlockt, vielleicht auch der kurzsichtig kalkulierte Preis. Doch spätestens wenn der hübsche synthetische Fußbodenbelag zu Störungen der Computersysteme führt, wird mancher zunächst preisgünstige Kauf dann doch bereut. Elektrostatische Aufladungen wirken sich – wenngleich weniger drastisch zu spüren – auch auf den menschlichen Organismus aus.

Ein Naturboden ist folglich für viele Menschen eine wichtige Komponente, um sich wohlzufühlen. Warme Füße, ein angenehmes, ausgleichendes Raumklima und eine pflegeleichte Oberfläche: wer diese Attribute wünscht, wird schnell feststellen, dass ein Fußbodenbelag aus Naturmaterialien unübertroffen ist.

Verwendungszweck und Geldbeutel bestimmen letztlich die Wahl.

Naturholzböden

Holz – ein ökologisch optimaler Werkstoff

Holzböden haben eine ureigene Gemütlichkeit; sie sind schön, lange haltbar, wischbar und fußwarm. Man kann einen Holzfußboden mit Teppichen schmücken, und Holz lädt sich zudem nicht elektrostatisch auf. Darüber hinaus ist Holz ein ökologisch optimaler Werkstoff – das gilt allerdings nur dann, wenn es sich um heimische Hölzer aus der Forstwirtschaft handelt (grobe Umweltfrevel werden in der hiesigen konventionellen Forstwirtschaft immer seltener).

In Deutschland wird eine Fläche von 83 Prozent land- und forstwirtschaftlich genutzt, zurzeit etwa zwei Prozent davon im kontrolliert ökologischen Landbau (Mitglieder in der Arbeitsgemeinschaft Ökologischer Landbau = AGÖL). «Naturland» zertifizierte im Jahr 1998 mehr als 11.000 Hektar anerkannten Öko-Wald. Das 1996 gestartete Waldkonzept wird vom BUND, von Greenpeace, Naturland und Robin Wood unterstützt. Die konsequent ökologische Waldwirtschaft findet vor allem in der breiten Bevölkerung große Anerkennung und beeinflusst somit auch die konventionelle Forstwirtschaft, die jahrelang ausschließlich auf Monokultur setzte.

Welches Holz eignet sich für Fußböden?

Für die Verlegung eines Holzfußbodens kommen sämtliche Hölzer in Frage, die von ausreichender Dichte und Festigkeit sind. Preiswerte Holzböden stammen von so genannten Koniferenarten, zu denen vor allem die *Fichte* und die *Kiefer* zählen. Diese schnell wachsenden Baumarten sind sehr weich und entsprechend auch relativ empfindlich. Obgleich Holz eigentlich recht «rollenstabil» ist und sich somit für Büro- und Rollstühle eignet, muss ein Weichholz erst eine gewisse «Reife» erlangen und vollständig ausgelagert sein, bis ein solches Attribut auch auf dieses kostengünstige Holz zutrifft. Bei extremer Beanspruchung sind Riefen und Druckstellen an den markanten Stellen niemals vermeidbar. Weiterhin stören die vielen Astlöcher, die bei einer vollflächigen Bodenverlegung als Diele nach wenigen Jahren ein Problem werden.

Buche, Eiche, Kastanie und *Ahorn* sind formstabiler und lassen sich zu einem geschmeidigen Holz anschleifen, ohne später auszufasern; daher sind diese Holzarten auch bestens für lange Dielen geeignet. Zu den schönsten und kostspieligsten heimischen Hölzern gehören *Kirsche* und *Esche*. Ihr Charme und ihre Lebensdauer werden von ausreichender Dichte ihrer Faserstruktur bestimmt. Mit der Dichte geht ihre Festigkeit einher.

Tropenhölzer für Fußböden?

Gerade ihre unübertroffene Härte hat bei *Tropenhölzern* zu ihrem zweifelhaften Ruhm geführt. Ein Baum, der Jahrzehnte – oder gar Jahrhunderte – gewachsen ist, zeigt ein sehr viel markanteres «Gesicht» als eine Konifere, die nur wenige Jahrzehnte lebt und sich dabei schnell wachsend entwickelt und rasch vermehrt. Für einen guten Holzboden muss man keinen Urwald «plündern». Die uralten Bäume haben ihre Aufgabe in einem empfindlichen Ökosystem – in dem nur noch an wenigen Orten der Erde anzutreffenden Naturwald. Als Bretter für einen Fußboden sind sie völlig «überqualifiziert»! Heimische Baumarten aus einer gesunden Waldwirtschaft erfüllen ihre Aufgabe hervorragend; sie sind erschwinglich, und sie schädigen kein äußerst empfindliches Ökosystem, das heute ebenso unserer Hilfe bedarf wie die dazugehörige Tier- und Pflanzenwelt.

Parketthölzer und Dielenböden

Das preiswerteste brauchbare Parkett besteht aus dünnen Sperrholzleisten von 6 mm Stärke. Diese Böden sind allerdings nicht schleifbar und müssen deswegen versiegelt werden, weil ein späterer Abschliff nicht möglich ist und die Schonung der Oberfläche somit oberste Priorität hat.

Am weitesten verbreitet ist das so genannte *Mosaikparkett*, das in verschiedenen Mustern verlegt werden kann. Hier liegt die Holzstärke bei etwa 8 mm. Die feinen Stäbe sind auf dünnen Gewebematten vorverklebt, die dann später einfach im Wohnraum verlegt werden können.

In einer Stärke von 10 mm wird das so genannte *Dünnparkett* angeboten. Hier werden einzelne Stäbe in mittleren Formaten verwendet. Bei der Verlegung ist diese Qualität allerdings nicht unproblematisch.

Parkettboden – optisch reizvoll, lange haltbar, pflegeleicht und fußwarm

Ab 12 mm gibt es die *Dielenböden*. Am gängigsten sind sie in einer Stärke von 22 mm. Man kann auch 25 mm-Dielen verlegen lassen. Die strapazierfähigsten und größten Holzdielen schließlich haben eine Stärke von 50 mm und mehr und werden als *«Kopf-» oder «Hirnholzparkette»* verlegt. Die Stablänge von Dielen erreichen eine Länge von 2 m, selten auch mehr. Dicke Dielen und Parkettböden sind zwar äußerst strapazierfähig, aber auch schwer verlegbar, da das Holz gleichzeitig in vier Richtungen hin «arbeitet».

Das Baumarkt-Angebot

Holzhandlungen und Baumärkte bieten in der Regel Fertigparkett an – vorgeleimt auf Trägerplatten oder Lagerhölzern. Diese Böden sind meist gespachtelt, geschliffen und versiegelt. Die Verlegung dieser Fußböden gelingt einfach und schnell. Die verwendeten Leime und Lacke sind jedoch nicht deklarationspflichtig (daher findet man auch keine Hinweise). Selbst wenn ein «Umweltzeichen» den Lack auszeichnet, ist nichts hinsichtlich seines Schadstoffgehaltes gesagt. Die besten Eigenschaften des Holzes gehen auf alle Fälle mit jeder Versiegelung verloren.

Vorsicht bei Sperrholzdielen und furnierten Böden!

Sperrholzdielen oder so genannte schichtverleimte Hölzer sind auf keinen Fall zu empfehlen, da diese Leisten über Jahre hinweg ausdünsten. Das gleiche Problem tritt bei furnierten Dielen auf. Hierbei handelt es sich um einen Spanplattenkern, der mit einem Echtholzfurnier überklebt wurde.

Irreführend ist bei furnierten Dielen oder Parkettböden die Werbung «formaldehydfrei», denn das Material kann lediglich als formaldehydarm eingestuft werden [Klassifizierung «E1» (0,1 ppm)]. Teilweise wird Formaldehyd hier auch nur durch Isocyanate ersetzt, die ein ähnliches Gefährdungspotential aufweisen. Furnierte Parkette können bei geringer Furnierstärke in keinem Fall geschliffen werden.

Was man beim Verlegen beachten muss

Es gibt verschiedene Möglichkeiten der Holzdielen- oder Parkettverlegung im Wohn- und Arbeitsbereich. Die klassische Verlegung finden wir bei der Holzdiele: Sie wird auf Holzlatten vernagelt oder geschraubt. Die optisch äußerst romantische und attraktive Dielenbodenverlegung ist jedoch – insbesondere bei der Neuverlegung – mit einigen Schwierigkeiten verbunden. Heute ist kein natürlich getrocknetes Holz mehr erhältlich. Bei der künstlichen Trocknung wird das Holz in Trockenkammern auf etwa 8 bis 12 Prozent Materialfeuchte «heruntergefahren». Diese Methode kann in keiner Weise die jahrelange Holzlagerung unter einem regensicheren Schutz im Freien ersetzen. Denn jedes künstlich getrocknete Holz schrumpft im Laufe eines Jahres nochmals nach!

Verlegen von Holzdielen

Der vorausschauende Bauherr wendet folglich eine Notlösung an: Er kauft die Dielen frühzeitig und lagert sie im Haus trocken und luftig ein. Wer feuchtes Holz in die Form zwingt, wird erleben, wie sich die Bretter wie trockene Fußnägel aufrollen – derart verzogene Hölzer sind eigentlich nur noch als Kaminholz zu empfehlen. Holz lässt sich weder durch Nägel noch durch Schrauben bezwingen – es «arbeitet» nach ungenügender Lagerung und kann bereits verlegte Dielen unschön verformen.

Wem die Möglichkeit der frühzeitigen Lagerung versagt ist, dem sei die «schwimmende» Verlegung empfohlen, auch «lose» Verlegung genannt. Hierbei werden Dielen in Nut und Feder gesteckt,

Dielenböden haben eine ureigene Gemütlichkeit.

auf die Lagerhölzer allerdings nur aufgelegt. Nach der Restschrumpfung schlägt man die Dielen neu zusammen und fixiert sie erst jetzt. Diese endgültige Fixierung sollte frühestens sechs Monate nach der vorläufigen Verlegung erfolgen.

Möglicherweise wird die Fixierung mit Stahlklammern vorgenommen, die das Holz mit starker Kraft in der Form halten. Eine Restschrumpfung findet zwar auch hier statt, das Holz wird jedoch stärker in die gewünschte Form gepresst.

Harte Unterböden werden mit Filzpappe oder Filz (auf Jute) oder Rollenkork abgedeckt. Wer dennoch unter dem Knarren der noch «jungen» Holzdielen leidet, kann mit ein wenig Talkum Abhilfe schaffen. Man kehrt das Talkum in die Fugen oder bläst es mit einem Klistierball ein.

Verlegen von Stabparkett

So genanntes Stabparkett (etwa 22 mm) kann genagelt, geklebt oder auf Filzpappe schwimmend verlegt werden. Die schmalere Breite der Stäbe lässt die Restschrumpfung gering ausfallen. Meist wird eine Verklebung vorgenommen, bei der die vollflächige Fixie-

Bei Dielenböden kommt die Maserung oft besonders gut zur Geltung.

rung eine nur minimale Schrumpfung gewährleistet. Naturkleber sind jedoch keine sichere Garantie. Die Kraft des Holzes ist so stark, dass so mancher Kleber versagt. Bei Problemen kann ein professioneller Parkettleger – den man im günstigsten Fall schon vor dem Kauf befragt hat – Auskunft geben.

Hirnparkett

Hirnparkett ist ein «Härtefall». Hier verweisen selbst viele Parkettleger auf die Fachauskunft durch den Schreiner. Es bedarf einer besonderen Sorgfalt, diese starken und massiven Bretter zu verlegen. Die Gesamthaftung will kaum ein Fachmann übernehmen. Auf jeden Fall sind gewisse Arbeitsvorbereitungen für den Untergrund vonnöten.

Die Nachbehandlung des Holzfußbodens

Zeigen sich in Ihrem Fußboden noch Schraub- oder Astlöcher? Ein Holzfußboden weist nach der frischen Verlegung immer unschöne Löcher und Verlegefehler auf, je preiswerter er ist, desto häufiger. Deswegen wird ein Parkett und auch mancher Dielenboden nach der Verlegung gespachtelt. Zunächst wird jedoch ein erster Grundschliff vorgenommen. Danach wird ein Holzboden zum ersten Mal geölt; die Saugfähigkeit des Holzes wird auf diese Weise reduziert. Erst jetzt trägt man die Spachtelmasse auf. Würde man sie vor der Ölung auftragen, würde das Holz die Feuchtigkeit aus dem Spachtel saugen, und die Masse würde schnell und stark aushärten und damit brüchig werden.

Die Spachtelmasse

Die üblichen Spachtelmassen enthalten leicht flüchtige Lösemittel, die auch bei der vergleichsweise geringen Verwendung aus ökologischer Sicht nicht unproblematisch sind. Außerdem ist der Kauf dieser Fertigspachtel unnötig, denn man kann sich schnell und einfach einen guten Spachtel selbst herstellen.

Spachtelmasse herstellen

Man braucht etwas Originalschleifstaub, Kreide und Hartöl. Die Zutaten werden zu einem cremigen Brei verrührt, wobei der Schleifstaub der Farbanpassung an den Originalboden dient.

Man füllt den Spachtel in die Fugen und Löcher und wischt überschüssige Masse oder Kleckse vorsichtig mit einem fusselfreien feuchten Tuch vom Holz. Nach etwa acht bis fünfzehn Stunden ist die Masse ausgehärtet und kann jetzt geschliffen werden. Hier empfiehlt sich eine Schleifmaschine, die man für eine geringe Gebühr im Baumarkt ausleihen kann.

Korkparkett

Sehr eindrucksvoll ist die Rinde der Korkeiche.

Kork nennt man die Rinde der Korkeiche (*Quercus super L.*). Als Dämmmaterial oder als strapazierfähiger Bodenbelag werden Platten aus dem Rindengranulat gepresst. Zur wirtschaftlichen Nutzung wird die Korkeiche fast nur noch in großen Plantagen kultiviert. Die Hauptanbaugebiete sind Portugal, Spanien, Marokko, Algerien und Tunesien. Korkparkett wird häufig oberflächenbeschichtet angeboten. Manchmal sind sogar beide Seiten der Bodenplatten versiegelt. Solche Bodenplatten sind nicht gemeint, wenn hier von Korkparkett die Rede ist. Ein Naturboden sollte stets nur mit natürlichen Ölen und Wachsen behandelt werden.

Erst im Alter von 20 bis 25 Jahren wird eine Korkeiche zum ersten Mal geschält. Die so genannte «Jungschälung» ist harzärmer und qualitativ minderwertiger. Zu Korkschrot vermahlen, kann man die erste Rindenschälung z.B. zur Wärmedämmung nutzen. Besonders gern werden die ersten beiden Schälungen einer jungen Korkeiche jedoch als Furniere verwendet, da das Maserbild sehr ausdrucksstark ist.

Das Schälen einer Korkeiche

Im Zyklus von neun bis zehn Jahren erfolgen weitere Schälungen. Wie oft ein Baum «gehäutet» werden darf, ist allerdings vielfach gesetzlich geregelt, damit man die wertvollen Baumbestände nicht über alle Maßen durch Raubbau schädigt. Eine Korkeiche kann etwa 140 bis 170 Jahre alt werden. Pro Baum sind etwa fünfzehn Schälungen möglich. Die Ernte erfolgt im Sommer, wenn das Zellwachstum durch die Hitze der Sonne stark angeregt ist. Die

Fasern sind jetzt zart, und das Schälen erfolgt leichter als zu anderen Jahreszeiten.

Kork, ein interessantes Baumaterial

Wer einmal auf Korkparkett gelebt hat, kennt seinen besonderen Reiz. Die große Elastizität und die warme Oberfläche prägen sich schon beim ersten Betreten eines derartigen Bodenbelags ein. Die Elastizität ist von unbegrenzter Dauer, das beweisen Weinkorken, die, nach Jahrzehnten aus der Flasche gezogen, nahezu sofort wieder ihre ursprüngliche Form annehmen. Bis zu 40 Millionen Luftzellen pro Kubikmeter, die in fünf verschiedene Zellschichten untergliedert sind, sorgen für die außergewöhnlichen Eigenschaften. Neben der hervorragenden Elastizität bieten diese Hohlräume, die mit luftähnlichem Gas gefüllt sind, eine gute Wärmedämmung und weisen eine außergewöhnliche Diffusionsfähigkeit auf. Zugleich ist Kork nahezu verrottungs- und fäulnisresistent und nur schwer entflammbar. Auch vor Schädlingsfraß ist dieses einmalige Material gewappnet – es gibt keinen Schädling, der es fressen könnte.

Wärme- und Schalldämmung

Die guten Wärmedämmeigenschaften machen Kork zu einem interessanten Baumaterial. Als Fußbodenbelag eignet er sich vor allem auch für kalte Böden, z.B. im Kellerbereich (Wärmeleitfähigkeitsgruppe 045). Aufgrund seiner schlechten elektrischen Leitfähigkeit ist ein Korkparkett gerade auch für Büroräume ideal. Hinzu kommt die hervorragende Schalldämmung. Die trittschall- und raumschallabsorbierende Wirkung liegt im Mittel bei 16 Dezibel, was bedeutet, dass ein Korkparkettboden hinsichtlich der Schallisolation im Tieftonbereich mit einem schweren Teppichboden vergleichbar ist. Die bereits erwähnte Elastizität machen auch das Befahren mit schweren Rollen, z.B. von Bürostühlen oder Rollstühlen, problemlos möglich.

Korkplatten mit Bindemittel?

Nach dem Schälen wird die Rinde der Korkeiche zu einem Schrot vermahlen. Das so genannte Korkgranulat wird auf etwa ein Viertel bis ein Sechstel seiner Größe zusammengepresst. Dieser Vorgang geschieht unter wohldosierter Einwirkung von heißem Wasserdampf. Dem Granulat wird häufig ein Bindemittel beigemengt, da das baumeigene Harz, das Saburin, teilweise nicht ausreicht, um die Granulatpartikel nach der Pressung zusammenzuhalten. Das eingesetzte Bindemittel ist in der Regel Polyurethan, ein Kunstharz, das weltweit in großer Menge produziert wird. Es begegnet uns im täglichen Leben an vielen Stellen, z.B. als Polsterschaum in Sitzmöbeln, als synthetische Schaumstoffmatratze oder als Dämmschaum für den Heimwerkergebrauch, etwa zur Isolierung von Hohlräumen und Fenstern.

Leider ist dieser synthetische Zusatz möglicherweise für schädigende Ausdünstungen verantwortlich. Ausgangsmaterial zur Herstellung des Bindemittels sind Isocyanate, die bei einem MAK-Wert (Maximale Arbeitsplatz-Konzentration) von 0,14 mg/m^3 als toxisch gelten. Wie giftig dieses Bindemittel im Korkparkett tatsächlich ist, hängt im Wesentlichen davon ab, wie viel freies Isocyanat an die Raumluft abgegeben wird. Weiterhin ist relevant, ob und welche Lösemittel und weitere Hilfsstoffe bei der Produktion zum Einsatz kamen.

Ökologische Bindemittel-Alternativen

Dem baubiologischen Fachhandel sind die angebotenen konventionellen Qualitäten bereits seit längerer Zeit ein Dorn im Auge. Hier entschied man sich daher schon früh für eine Alternative, indem man Karbolharz, auch Carbophen, Carbano oder Cajubalsam genannt, als Bindemittel in Korkplatten verwendete (die internationale Bezeichnung dafür ist CNSL – «cashew nut shell liquid»). Diesem aus der Cashewnussschale extrahierten Öl werden dann noch weitere Harze und Lösemittel (etwa 60%) beigemengt: Methanol, Xylol und Toluol. Das Ölgemisch wird in der Regel mit Paraformaldehyd gehärtet. Beim fertigen Korkparkett sind keine (oder allenfalls geringe) Spuren des Paraformaldehyds festzustellen; dennoch können kritische Verbraucher einen Nachweis des Formaldehydgehaltes mit aktuellem Datum vor dem Kauf der Auslegware verlangen.

Ein etwas jüngerer Versuch, ein biologisches Bindemittel einzusetzen, ist mit der Bezeichnung «Resifen BM 21» verbunden. Bei diesem Mittel werden nachwachsende Öle, wie verfeinertes Sojaöl, Rizinusöl und andere, ebenfalls mit organischen Lösemitteln, z.B. Toluol, versetzt. Auch Isocyanate kommen wieder zum Einsatz. Bei jedem Korkparkett bleibt das Problem der Restausdünstung von Lösemitteln bestehen. Hinzu kommen die Kleber, die zur Fixierung der Auslegware verwendet werden. Doch kann man bei aller Kritik immer nur darauf hinweisen, dass die konventionelle «Alternative», der PVC-Belag, in jeder Hinsicht größere Risiken birgt.

Korkplatten ohne Zusätze

Korkplatten werden auch ohne Zusätze, rein unter Verwendung der korkeigenen Harze, «rein expandiert», gepresst. Wichtig ist, dass der Zeitpunkt der Korkernte exakt stimmt. Der Baum muss im «optimalen Saft» stehen, dann sorgt die richtige Menge an Saburin für eine stabile Korkplatte. Die Wasserdampftemperatur bei der Pressung liegt bei guten Qualitäten um 380 °C. Mindere Korkqualitäten werden bei höheren Temperaturen gepresst. Dieser Arbeitsvorgang kann in der Produktion zur Ausdünstung schädlicher Gase führen (Benzo-a-pyren), die sich allerdings spätestens nach der Lagerung verflüchtigt haben.

Dicke Böden halten länger

Die Qualität eines Korkparketts hängt im Wesentlichen von der Dichte, das heißt vom Gewicht des Materials, ab. Baumärkte bieten in der Regel einen Boden von etwa 270 kg/m^3 an. Gute Qualitäten erreichen hingegen 400 bis 500 kg/m^3. Festeres Material ist auch strapazierfähiger. Weiterhin gilt für Korkparkett dasselbe Prinzip wie für ein Holzparkett: Es kann geschliffen werden. Hier ist darauf zu achten, dass es sich unbedingt um unbeschichtetes Korkparkett handelt, denn eine PVC-Beschichtung nimmt dem Korkparkett nicht nur ein Vielfaches seiner natürlichen Eigenschaften, es lässt sich auch nicht schleifen. Sollte man diese Behandlung dennoch vornehmen, ergibt sich ein Sanierungsproblem: Wohin mit dem Sondermüll? Bei einem Schliff wird dem beschädigten, verschmutzten Parkett eine Schicht von etwa einem Millimeter Dicke abgenommen.

Wie verlegt man Korkparkett?

Die Platten werden nach dem Kauf ausgepackt und zwei bis vier Tage im Raum locker ausgelegt. Verschiedene Pakete werden dabei untereinander gemischt, um «Farbstraßen» zu vermeiden. Der anfänglich säuerliche Geruch, verursacht durch die Ausdünstung der flüchtigen Stoffe, verschwindet nach wenigen Wochen. Es handelt sich um die letzte «Reifung», den Oxidationsprozess, den die Bindemittel erst nach Öffnung der verpackten Korkplatten beenden können. Fachleute raten, in Räumen, in denen sich ein derartiger Oxidationsprozess vollzieht, mindestens zwei Nächte nicht zu schlafen. Man sollte einen Raum mit frischem natürlichem Bodenbelag (Korkparkett, Linoleum, Holzfußböden mit Leinölbehandlungen) gut lüften.

Verleimung

Zur Verleimung von Korkparkett bietet sich ein biologischer Korkkleber auf Naturlatexbasis an. Korkparkett muss vollständig verleimt werden. Die technischen Merkblätter der Kleberhersteller geben hierüber Aufschluss. Der Kleber wird mit einem feinen Zahnspatel aufgetragen. Nach kurzem Ablüften werden die Platten mit der geschliffenen Seite nach oben eingelegt und sorgfältig aneinander geschoben. Kleberüberstände werden sofort und gründlich mit Wasser entfernt. Nach kurzem Antrocknen wird der Boden dann mit einer Stahlwalze (etwa 50 kg Gewicht) vollflächig angepresst. Im Laufe des Trocknungsprozesses wird die Pressung noch mehrere Male wiederholt. Überstehende Plattenkanten werden von Hand mit Schleifpapier geebnet, das um einen Schleifbock gewickelt wird.

Oberflächenbehandlung

Ein natürliches Korkparkett ohne Oberflächenbeschichtung wird nach der Verlegung geölt. Je nach verwendetem Kleber kann der erste Ölauftrag nach 24 bis 72 Stunden erfolgen. Die Platten müssen, abhängig von der Stärke, drei- bis fünfmal geölt werden. Der Ölauftrag (Leinölfirnis) sollte gleichmäßig und dünn erfolgen. Etwa fünf bis zehn Minuten nach dem Auftrag wird die Fläche mit einem fusselfreien Tuch und einem Schrubber trockengerieben. Das Öl darf nur im Parkett und niemals auf der Oberfläche trocknen. Zwischen den einzelnen Ölaufträgen lässt man jeweils einen Tag verstreichen. Damit die Ölschicht tief eindringt, kann nach der ersten Ölbehandlung ein vorsichtiger Zwischenschliff mit feiner Stahlwolle erfolgen.

Der fertig geölte Korkparkettboden kann anschließend gewachst werden. Nun hat man einen sehr strapazierfähigen, schmutzabweisenden Naturbelag, der es mit einem synthetisch oberflächenbehandelten, lackierten oder kunststofflackierten Boden allemal aufnehmen kann.

Korkparkett pflegen

Die Pflege eines geölten, gewachsten Bodens ist denkbar einfach. Man gibt ins Wischwasser ein wachshaltiges Pflegemittel – fertig. Die natürlichen Eigenschaften bleiben bei der Öl-Wachs-Behandlung erhalten, während die Atmungsaktivität und die Klimatisierung der Räume durch eine Versiegelung mit einer Kunststoffschicht weitgehend verhindert wird.

Linoleum

Linoleum – früher beliebt, heute vergessen?

Linoleumböden waren bis in die sechziger Jahre hinein beliebt. Der leicht zu reinigende, hübsch anzusehende Linoleumbelag musste allerdings zeitweise gebohnert werden. Viele kennen noch die Bohnermaschinen, mit denen die ersten synthetischen Wachsprodukte nach dem Schrubben mit Seifenlauge aufgebürstet wurden. In dieser recht anstrengenden Pflege liegt vielleicht auch einer der Gründe, weshalb seit den sechziger Jahren der «pflegeleichte» Polyvinylchlorid-Belag (PVC) die Fußböden eroberte. Obgleich dieser Kunststoff bei seiner Entsorgung fast unlösbare Probleme bereitet, hat PVC noch immer einen Marktanteil von über 20 %. Nur wenige Hersteller sind der Linoleumproduktion treu geblieben, die meisten stellten auf die Fabrikation von PVC-Auslegware um. Bei PVC handelt es sich jedoch um einen hoch bedenklichen Kunststoff, der bei Vernichtung in den Sondermüll gehört und, sofern er entflammt wird, das hochgiftige Dioxin («Sevesogift») ausdünstet.

Moderne Kunststoffe – die große Konkurrenz

PVC ist billiger in der Produktion und erlaubt ein zuvor nicht gekanntes Farben- und Designprogramm: Die Kunststoffböden gibt es in Uni oder Meliert, in täuschend «echtem» Holzdekor oder als antike Kacheloptik, glatt oder mit dem «robusten» Noppenmuster – dem Geschmack sind keine Grenzen gesetzt. Das Noppenmuster kennen viele aus Arztpraxen, Kneipen oder Büros. Bei diesen stark beanspruchten Böden wird in der Regel jedoch ein Gummibelag verwendet, den dieselbe italienische Reifenfirma produziert, die auch (Natur-)Latexmatratzen anbietet. Der «Belag fürs Leben» ist allerdings nur dann recyclefähig, wenn ihn die Herstellerfirma zurückerhielte, und sollte nach Verlegung besser nicht mehr entfernt werden.

Mit wachsendem Umweltbewusstsein seitens der Bevölkerung steigt die Forderung nach alternativen Kunststoffen. Man experimentiert mit den recyclefähigen Kunststoffen Polypropylen (PP) und Polyethylen (PE). Bislang wurde allerdings noch kein strapazierfähiger Belag entwickelt, der eine erwähnenswerte Lebensdauer aufweist.

Die Herstellung von Linoleum

Mit einem Naturboden, der darüber hinaus wohnklimaverbessernde Eigenschaften besitzt, kann es zweifelsohne kein «Plastik»-Belag aufnehmen – es sei denn, man zählt zur Plastikproduktion auch die älteste Form des «Kunststoffkochens» hinzu und begibt sich sozusagen an die Wurzeln der Biochemie. Ein Engländer namens Walton erfand das Prinzip zur Herstellung von Linoleumböden, das bis heute im Wesentlichen unverändert blieb. Walton beobachtete, dass das Öl des Flachssamens, das reine Leinöl, zwar sehr langsam trocknet, dann jedoch enorm stabil und zugleich elastisch ist. Er begann zu experimentieren und vermischte Leinöl mit Kolophonium, einem Baumharz aus Koniferenbalsam. Dann ließ er die Mischung 20 bis 24 Stunden köcheln. Bei einer Temperatur von 35 – 40 °C entsteht in zehn bis zwölf Tagen der so genannte Linoleumzement. Mit Kork- und Holzmehl sowie den farbgebenden Pigmenten und den Trockenstoffen (Sikkativen) vermengt, ergibt sich ein Granulat, das zu den bekannten Linoleumböden gepresst werden kann.

Linoleum in die Bahn gebracht

Bis zu 2 m Breite kalandert die Press- und Glättemaschine das eingefüllte Granulat. Weil die Pigmente nicht gleichmäßig im Granulat verteilt sind, ergibt sich jetzt, beim Kalandern, die typische Marmorierung. Die obere Stahlwalze ist heiß und läuft schneller als die untere. Zur besseren Stabilisierung wird die Linoleumschicht sofort auf ein stabiles Jutegewebe gepresst. Üblicherweise werden Bahnenlängen von etwa 25 bis 30 laufenden Metern in einem Durchlauf produziert.

Gut Ding braucht Weile

Je nach Stärke der Linoleumbahnen braucht der Trocknungsprozess in den speziellen Trockenkammern nun zwischen zwei und vier Wochen. Die gesamte Produktion eines Linoleumbelags erfordert somit einen Zeitaufwand von etwa zwei Monaten. Möglicherweise wünscht der Kunde eine Farbe, die gerade nicht vorrätig ist, dann kann es zu produktionsbedingten Wartezeiten von etwa zwei Monaten kommen.

Auch nach seiner Zeit im Trockenraum ist ein Linoleumbelag noch nicht «reif». Die endgültige Aushärtung setzt weiterhin Aldehyde und Säuren aus dem Leinöl frei. Ein mit neuem Linoleum ausgelegter Raum riecht noch etwa zwei Wochen lang säuerlich. Auch sollte der frische Belag noch nicht sofort extrem belastet werden, denn die volle Strapazierfähigkeit setzt ebenfalls erst mit der völligen Aushärtung ein. Während dieser Zeit sollte man keine schweren Möbel auf den Linoleumboden stellen. Auch ist es ratsam, in den ersten Wochen nicht in einem mit solchen Ausdünstungen belasteten Raum zu schlafen.

Noch eine weitere Reaktion ist in den ersten Wochen möglich: Die Farbe eines neu ausgelegten Bodens verändert sich unter Einwirkung von Licht. Man nennt diesen vorübergehenden Vorgang Fotoreaktion.

Die Oberflächenbehandlung

Ein unbehandelter Linoleumboden ist schmutzempfindlich. Ebenso wie einen Naturholzboden muss man einen Linoleumbelag oberflächenbehandeln, damit er später leicht zu reinigen ist. Die meisten Hersteller «versiegeln» Linoleum mit einer Kunstharzschicht, dann allerdings verliert der Boden viele seiner natürlichen Eigenschaften. Wer ihn von der Acrylschicht befreien möchte, kann mit alkoholhaltigem Wischwasser schrittweise den Lack entfernen. Bislang gibt es nur einen Hersteller, der auf die synthetische Beschichtung verzichtet; seit 1991 bietet der ökologische Baufachhandel diesen unbehandelten Linoleumbelag an, der mit biologischen Ölen und Wachsen oberflächengeschützt werden muss.

> Linoleum wird in verschiedenen Stärken angeboten (von 2,2 bis 4 mm). Dabei kann man zwischen 2 m breiten Bahnen oder Fliesen (30 x 30 und 60 x 60 cm) wählen. Je dicker der Belag, desto strapazierfähiger ist er.

Linoleum – der Küchenboden unserer Großeltern

Strapazierfähig, gut zu reinigen und optisch ansprechend, so wird der Linoleumboden bis heute beschrieben. Der wachsende Sinn für eine gesunde Lebensweise hat den Küchenboden unserer Großeltern wieder in seinen besonderen Qualitäten entdeckt. Linoleum – ein idealer Bodenbelag für Küche und Arbeitsräume, besonders auch für Büros. Elektrostatische Ladungen, wie man sie von billigen synthetischen Teppichböden kennt, treten auch bei Kunststoffböden auf, und die perfekte Isolation der preiswerten Kunststoffböden kann nicht unerhebliche Probleme mit Computeranlagen verursachen. Gut leitende Naturböden dagegen, wie beispielsweise Linoleum, sichern das störungsfreie Funktionieren von Computern, und sie werden von ihren Bewohnern als angenehmer empfunden.

Besondere Eigenschaften

Die hohe Dichte des gepressten Materials lässt einen mit Linoleum ausgelegten Raum eher kühl und hallend erscheinen. Doch der erste Eindruck täuscht, denn Linoleum ist fußwarm und dämmt auch Geräusche erstaunlich gut. Die gute Wärmeleitfähigkeit macht ihn bestens geeignet für Fußbodenheizungen. Und wer ihn im Vergleich mit einem Kunststoffboden testet, wird sehr deutlich die Behaglichkeit fühlen, die selbst die dünnste Linoleumschicht ausstrahlt, eine Behaglichkeit, die nicht nur vom eingearbeiteten Kork- und Holzmehl ausgeht, sondern auch von der Porösität des Bodenbelags und der Kombination der verwendeten Zutaten. «Plastik» hingegen überzieht den Boden mit einer Folie, die nur in geringem Maße die Fähigkeit besitzt, Wärme zu speichern.

Linoleum wird meistens vollflächig verklebt, weil es ansonsten bei Temperaturschwankungen «arbeitet». Da sich der Bodenbelag bei einer unzureichenden Befestigung immer ein wenig ausdehnt

Linoleum verlegen

bzw. zusammenzieht, bilden sich schnell «Beulen», die man dann nur schwer wieder glätten kann. Der Fachhandel bietet einen speziellen ökologischen Linoleumkleber (Universalkleber) an. Mit ausreichend handwerklicher Begabung kann es ein Heimwerker durchaus wagen, einen Linoleumboden selbst zu verlegen.

Die einzelnen Bahnen können in kleineren Räumen ohne Fugenverfüllung aneinander gelegt werden. Komplizierter wird das Verlegen in größeren Räumen oder bei speziellen Musterwünschen aus unterschiedlichen Farben. Jetzt wird die Fuge mit einem Teppichmesser V-förmig erweitert und mit einer farblich passenden Schmelzschnur verschlossen. Die Schnur – übrigens aus PVC – bietet der Fachhandel, ebenso den notwendigen Apparat.

Was tun bei Beulen und Wellen?

Es ist also nicht ganz einfach, einen Linoleumboden zu verlegen; die Bahnen sind schwer und störrisch. Man kann Linoleum nicht knicken, denn das spröde Material reißt leicht ein. Außerdem sollte man sich nicht verschneiden; jeder Fehlschnitt bleibt für immer sichtbar. Linoleum lässt sich auch nicht einfach unter die Sockelfuge drücken, und sollte der Untergrund nicht fachgerecht vorbereitet sein, quält sich der Heimwerker mit Beulen und Wellen. Das größte Problem ist jetzt, dass man den Belag in der Regel nicht mehr aufnehmen und richten kann.

> Wer beim Selbstverlegen von Linoleum mit Beulen und Wellen kämpft, hat ein Problem. Man kann jetzt nur noch mit einer Stahlkanüle Kleber unter die Beule spritzen und die Stelle anschließend mit einem Gewicht beschweren.

Wem das Selbstverlegen zu schwierig erscheint, findet im ökologischen Bauhandel Rat und fachkundige Hilfe.

Die Reinigung

«Wenig Seife und wenig Wachs» lautet die Formel für die Reinigung. Linoleumböden werden nicht nass, sondern nur feucht gewischt. Dem Wischwasser gibt man etwas Seifenreinigungsmittel zu. Möglicherweise verwendet man direkt ein wachshaltiges Spezialreinigungsmittel. Ansonsten kann man den Boden zeitweise mit einem ökologischen Pflegewachs «bohnern». Ein richtig gepflegter Linoleumboden wird mit der Zeit immer strapazierfähiger und robuster.

Kokos- und Sisalteppiche

Kokos und Sisal – zwei unterschiedliche Materialien miteinander kombiniert

Was für den Laien kaum zu trennen ist, erweist sich schon bei der ersten genauen Betrachtung als grundverschieden: Kokos- und Sisalteppiche. So unterschiedlich ihre Herkunft ist, so verschieden gestaltet sich im Prinzip auch ihr Verwendungszweck. Doch werden die Vorteile von Sisal und Kokos auch gern kombiniert, im wahrsten Sinne des Wortes miteinander verflochten, indem man Teppiche mit einem Kett-(Grund-)Faden aus Sisalfasern und einem Schussfaden aus Kokosfasern herstellt.

Wer die Pflanzenfasern Kokos und Sisal näher betrachtet, die später zu Teppichen oder Auslegware verarbeitet werden, erkennt ihre typischen Merkmale.

Die Fasern der Kokosnuss

Eine Kokospalme liefert pro Jahr etwa fünfzig bis sechzig Kokosnüsse. Die schwere Nuss – wir kennen sie alle aus den Früchteabteilungen hiesiger Geschäfte – ist ursprünglich mit einer dicken Schutzschicht von Kokosfasern umgeben. Diese werden vor dem Verkauf über den Lebensmittelhandel entfernt; hierzulande findet man nur noch wenige Fasern an der holzigen Ummantelung des Palmkerns.

Die Kokospalme wächst bevorzugt an sonnigen Küstenstränden. Die Fruchtstände erreichen ohne weiteres Höhen zwischen fünfzehn und dreißig Metern. Eine Kokosnuss, die aus schwindelerregender Höhe auf den Küstenstreifen fällt, muss auch die ruppigen Umspielungen der Brandung über sich ergehen lassen. Unzählige Male wirft das Meer den gut gepolsterten Kern an den Strand, saugt ihn wieder an und spuckt ihn abermals an Land. Die Frucht der Kokospalme braucht daher einen fähigen «Stoßdämpfer» mit einer garantierten Schwimmfähigkeit und entsprechenden Wasserbeständigkeit. Folglich ist die Kokosfaser eine relativ schwere und zugleich eine hohle Faser von recht unregelmäßiger Stärke und Länge. Bei ihrer Weiterverarbeitung ist es entsprechend mühsam, diese störrischen, struppigen Röhrchen in die gewünschte Form zu bringen.

Die Verarbeitung der Fasern

Kokosböden von hoher Qualität zeichnen sich durch eine gleichmäßige Faserstruktur aus. Die besten Fasern stammen von den noch unreifen, grünen Früchten, denn diese sind dünner und geschmeidiger. Der Großteil aller Kokosteppiche wird jedoch aus den vorbehandelten Fasern reifer Früchte gefertigt. Nach Anbruch des Nusskerns lässt man die fasrige Schale zwischen sechs und neun Monate im Wasser rotten. Der fäulnisresistente Rest der Hohlfasern wird gewaschen, an der Sonne getrocknet und gebleicht und kommt schließlich in die Teppichproduktion.

Die 15 – 30 cm langen Fasern werden von Hand bzw. mit einem Spinnrad gebündelt, gezwirnt, versponnen und anschließend verwebt (je nach Webart werden zwei bis drei Faserbündel verarbeitet; man nennt diese in der Fachsprache auch Garne). Topqualitäten werden zusätzlich gekämmt. Die gröbsten und die kleinen Fasern werden hierbei entfernt. Für Spitzenqualitäten werden Preise bis zu 200 DM pro m^2 verlangt.

Verschiedene Webarten

Nun kommt es bei der Qualität von Kokosteppichen noch auf die Webtechnik an: Am bekanntesten und am häufigsten im Handel ist die so genannte «Panamabindung», die eine Art grobe Leinenstruktur aufweist. Die «Rips-» oder «Bouclébindung» weist ein klares Rippenbild auf. Ebenso robust, aber selten ist die attraktive «Fischgrätwebart». Die Gleichmäßigkeit und das insgesamt hohe Garneinsatzgewicht machen derart verarbeitete Kokosböden nahezu unverwüstlich. Die Fasern liegen fein und glatt nebeneinander. Ein Reibungsverlust durch starke Beanspruchung ist kaum gegeben.

Hochwertige Qualitätsböden werden in Europa verwebt, preiswertere Kokosteppiche kommen dagegen meist aus den Erzeuger-

Reifende Kokosnüsse

ländern. Niedrige Löhne müssen jedoch nicht unbedingt soziales Elend nach sich ziehen. Der Dritte-Welt-Handel bietet gute Qualitäten zu fairen Preisen. Wenn der Zwischenhandel (Großhandelsstufen) ausgeschaltet ist, können sich Agrar-Kooperativen ein sicheres Sozialsystem aufbauen. Der ökologische Anbau der Palm- und Agavenplantagen sorgt zugleich dafür, dass das Gleichgewicht der Natur weitgehend geschont wird und die Arbeiter keine hoch giftigen Substanzen versprühen müssen. Es lohnt sich, die Kataloge des so genannten Dritte-Welt-Handels durchzustöbern, wenn man auf der Suche nach unbehandelten, robusten Naturteppichen ist.

Handgewebte Qualitäten einer niedrigeren Preisklasse (um 40 DM pro m^2) haben eine vergleichsweise lose Bindung. Die Fasern scheuern bei Beanspruchung aneinander, wodurch diese Kokosböden schneller verschleißen. Im Vergleich zu anderer Teppichware ist aber auch die preiswerte Qualität noch äußerst strapazierfähig.

Faserschutzmittel?

Kokos ist nicht nur fast unverwüstlich, sondern auch für Insekten unverdaulich. Der Einsatz von Insektiziden ist folglich absolut unnötig, z.B. gegen Mottenfraß. Einige Hersteller behandeln die Böden mit Schmutzimprägnierungen oder Flammenschutzmitteln. Vor dem Kauf sollte man fachkundigen Rat einziehen.

Sisal

Wie auch die Kokospalmen wachsen Agaven zur Produktion von *Sisalböden* fast ausschließlich in Monokulturen. Sisal werden die fasrigen Blattstützfasern der Agavenblätter genannt. Die ursprünglich aus Mittel- und Südamerika stammende Sukkulentenart (Sisal wurde nach einer Hafenstadt in Mexiko benannt) wird heute vornehmlich an den Küsten Indiens und Sri Lankas kultiviert. Seit Beginn des 20. Jahrhunderts wird Sisal aber auch aus Ostafrika und Madagaskar importiert.

Eine Sisal-Agave kann zwischen acht und fünfzehn Jahre alt werden. Man schneidet stets die unteren Blätter, während die Pflanze oben weiter austreibt. Die starke, rissfeste Sisalfaser macht das Agavenblatt, das stark wasserhaltig ist, bruchfest. Sisal ist abriebfester als Kokos, also strapazierfähiger. Ebenso wie die Kokosfaser wird Sisal vor der Verarbeitung gebleicht. Hierzu wird heute nur noch selten Chlor verwendet, sondern das umweltfreundlichere Wasserstoffperoxyd. Sisal ist im Vergleich zur rötlich-grauen Kokosfaser hellbeige. Doch auch die gebleichte Qualität dunkelt schnell und stark nach.

Modische Farben

Entsprechend modernen Trends werden Sisal- und Kokosböden häufig eingefärbt. Naturbedingt werden Farbstoffe allerdings von den Pflanzenfasern aufgesogen. Eine Färbung mit Naturfarben wäre folglich nicht von langer Dauer und wird deswegen auch nicht vorgenommen. Es werden synthetisch hergestellte Mineralfarben oder Anilin verwendet. Bei einer Farbstoffmenge zwischen 0,5 und 3 % stellen diese Farben aus toxikologischer Sicht einen Kompromiss dar. Bevor man sich jedoch für eine eingefärbte Kokos- oder Sisalware entscheidet, sollte man berücksichtigen, dass auch diese synthetisch behandelten Produkte noch enorm lichtempfindlich sind.

Die Rückenbeschichtung

Beschichtungsfreie Kokos- und Sisalware wird von Fachleuten auf dem Fußboden verspannt. Die «Lebendigkeit» dieses Naturbodens, der sich bei Wärme und Feuchtigkeit ausdehnt und möglicherweise Wellen und Beulen wirft, schreckt viele jedoch vor dem Kauf von unbeschichteten Kokos- oder Sisalböden ab. Der Handel bietet daher Fliesen, Auslegware und Teppiche mit einer Rückenbeschichtung. Im schlimmsten Fall besteht diese Beschichtung aus Polyvinylchlorid (PVC), einem umweltbelastenden Kunststoff. Allerdings kann nur ein sehr starker Kunststoff wie PVC tatsächlich das «Wandern» eines Naturteppichs verhindern.

So genannte Latex(waffel-)rücken werden vom ökologischen

Fachhandel als Alternative angeboten. Hierbei wird in den seltensten Fällen ein Naturlatex verwendet (bis 60 % sind möglich), sondern vornehmlich ein synthetisches Produkt (Styrol-Butadien-Rubber), das die Bezeichnung SBR-Latexgummi trägt. Geliermittel, Aufschäumer, Konservierungsmittel und die verwendeten Grundsubstanzen dünsten allerdings noch einige Zeit nach Verlegung aus.

Sisalagaven werden in Monokulturen angebaut.

Importware ist häufig mit einer sehr dünnen Latexschicht bestrichen. Diese Gummihaut dient weniger der natürlichen Ausdehnung und Schrumpfung eines Kokos- oder Sisalteppichs, als dass er das Rutschen verhindert und eine gewisse zusätzliche Stabilität der verwebten Fasern gewährleistet. Insbesondere die verarbeiteten kürzeren Fasern werden durch die Verklebung gebändigt.

Die Verspannung

Die traditionelle Verspannung eines unbehandelten Kokos- oder Sisalbodens kann nach gründlicher Prüfung möglicherweise die günstigste, haltbarste und erfreulichste Methode sein. Ein durch den Fachhandel derart verlegter Boden hält «ewig», dünstet keine Rückstände aus Klebstoffen oder Beschichtungsmaterialien aus und ist besonders atmungsaktiv. Außerdem kann man einen verspannten Boden jederzeit herausnehmen und z.B. in einem anderen Raum verlegen.

Raumklima

Vor allem die Hohlfasern der Kokosböden wirken wie ein Klimapuffer und regulieren auf ideale Weise das Feuchtigkeitsklima in Räumen. Sie nehmen überflüssige, hohe Luftfeuchtigkeit auf und geben diese bei sinkender Raumfeuchte wieder an das Zimmer ab. Ein Kokosboden kann z.B. bis zu 430 g Wasserdampf pro Quadratmeter aufnehmen. Binnen sechs Stunden gibt dieser Boden fast 300 g Feuchtigkeit wieder ab.

Material und Luft stellen ein Gleichgewicht dar

In der trockenen Heizperiode (z.B. durch Zentralheizungen) kann man z.B. einen Kokosboden mit einer Blumenspritze befeuchten. Die Fasern saugen das Wasser schnell und gründlich auf. Die Feuchtigkeit verdunstet langsam, und man kann auf diesem einfachen Weg ein anderweitig kaum erreichbares optimales Raumklima erwirken. Eine Sisalfaser hat diese extreme Fähigkeit nicht. Doch auch extrem belastbares Sisal kann in gewissem Maße die Feuchtigkeit regulieren, wenngleich die «Sehne» der Agave logischerweise nicht die wasserspeichernden Eigenschaften der schwimmfähigen Kokosfaserröhrchen aufweist. Hierin liegen in erster Hinsicht die großen Unterschiede zwischen den beiden sehr ähnlich erscheinenden Bodenbelägen: Die eine Faser ist sehr stark abriebfest, während die andere auch eine Art Klimaregulierung aufweist. In ihrer Kombination sind die beiden Eigenschaften sicherlich ideal, allerdings ist diese Multifunktionalität nicht immer notwendig. Vielmehr werden in bestimmten Fällen die speziellen Eigenschaften einer bestimmten Faser gewünscht, z.B. bei Kohleheizungen in recht feuchten Altbauten die Vorteile der Kokosfaser oder bei starker Begehung die der Sisalfaser.

Die Reinigung

Trockener Schmutz auf Kokos- oder Sisalteppichen wird abgesaugt oder abgekehrt. Die Kokosfaser enthält einen gewissen Anteil an Silikaten, die schmutzabweisend wirken. Schwierig wird die Sache, wenn der Schmutz feucht aufgetragen wird. Ein Glas Rotwein saugt sich z.B. so stark ein, dass der Fleck womöglich nur noch der Zeit und der Sonneneinstrahlung überlassen werden kann. Feuchte Erde lässt man trocknen und kehrt oder saugt sie später ab. In begrenztem Maße können Trockenshampoos verwendet werden. Nach einigen Jahren, wenn der Teppich viel Schmutz aufgenommen hat, greift man zu ökologischen Reinigungsmitteln und schrubbt mittels einer weichen Bürste und mit sehr wenig Wischwasser vorsichtig den gesamten Boden. Man nimmt das schmutzige Wasser sofort mit einem saugfähigen Baumwolltuch (alte Windel) auf, da es ansonsten gleich wieder von den Fasern aufgesogen würde. Diese vielleicht mühselige Prozedur findet aber wirklich nur wenige Male im Leben eines Kokos- oder Sisalteppichs statt! Das Wischwasser lässt sowohl den Kokos- als auch den Sisalteppich zunächst einmal schrumpfen. Kokosware dehnt sich nach der Trocknung jedoch wieder auf ihr ursprüngliches Maß aus, während sich Sisal ähnlich wie Baumwolle verhält.

Antiverschmutzausrüstungen sollten bei einem Naturboden nicht angewandt werden, da durch diese chemische Behandlung viele Eigenschaften der Naturfasern verloren gehen.

Kleber für Naturfußböden

Linoleum, Kork, Holzparkett und manchmal auch Kokos- und Sisalböden werden vollflächig verklebt. Fußbodenkleber sind gelöste Kunstharze – größtenteils Polyvinylacetat. Dieser Kunstharz kann auch ohne Weichmacher und Lösemittel hergestellt werden. Die Klebekraft dieser «Fixierer» reicht allerdings bei weitem nicht aus, um einen schweren Fußbodenbelag dauerhaft zu halten – schon gar nicht, wenn dieser keinen Schaumstoffrücken aufweist.

Synthetische oder biologische Kleber?

Jeder taugliche Kleber, z.B. für Kork- oder Holzparkett, dünstet Lösemittel aus, solange er noch feucht ist und sich im Stadium der Trocknung befindet. Auch viele synthetische Kleber sind dispersiv, das bedeutet, sie sind wasserlöslich. Als Lösemittel wird ein Alkohol empfohlen: Ethanol. Bei Fußbodenklebern handelt es sich stets um verdünnte Kunstharze.

Wasserarme Kleber mit einem Lösemittelanteil von bis zu 50 % garantieren eine unkomplizierte Verklebung und stellen geringere Anforderungen an den Untergrund. Doch dünsten sie nicht unerhebliche Mengen gesundheitsschädigender Gase aus (aromatische Kohlenwasserstoffe und andere). Biologische Dispersionskleber enthalten dagegen wesentlich weniger Lösemittel (unter 5%).

Der Untergrund

Vor der Verklebung von Naturböden mit einem biologischen Kleber ist der Untergrund mit etwas größerer Sorgfalt zu behandeln. Stark wasserlösliche Kleber sind z.B. empfindlich gegen eine hohe Alkalität des Untergrundes. Vor allem bei einer Verlegung auf Estrichen ist hier Vorsorge zu leisten. Man kann mit Lackmuspapier den Boden auf alkalisches Milieu hin testen. Lackmuspapier ist in der Drogerie oder in einer Chemikalienhandlung erhältlich.

Der Alaunansatz

Alaun, ein Salz (Kali-Aluminium-Sulfat), das aus Alunit (Alaunschiefer) gewonnen wird und in der Drogerie erhältlich ist (auch über die Firmen Auro oder Livos), wird zur Neutralisierung des Untergrundes verwendet. Man gibt das Alaun (500g Alaun / 10 l Wasser) in kochendes Wasser und rührt, bis es sich völlig aufgelöst hat. Nun wird der Fußboden mit der Lösung gewischt. Man wartet, bis sämtliches Wasser verdunstet ist.

Die zusammenziehende (adstringierende) Wirkung des Alaun ist seit langem bekannt. Beispielsweise wird Alaun auch zum Gerben von Fellen, zum Färben oder zum Vorbeizen von Textilien verwendet. Selbst in der Kosmetik findet Alaun als Deodorantkristall Verwendung.

Die Eigenschaften des Alaun haben auch eine Langzeitwirkung. So erweist sich ein mit Alaun behandelter Untergrund als fäulnisgeschützt. Man kann die Alaungrundierung auch auf porösen Putzen (Kalk-, Gips-, Mischputz) zum Einsatz bringen und so einem Schimmelbefall vorbeugen.

Entfernen von Kleberesten und Rückständen

Etwas mühselig kann das restlose Entfernen sämtlicher alter Klebereste bzw. der Rückstände alter, herausgerissener Bodenbeläge werden. Wer vor den nicht entfernbaren, leicht «sandenden» Überresten der alten Auslegware zu kapitulieren glaubt, kann zu einer Notlösung greifen: Der Fußboden wird mit einem Haftgrund auf Naturlatexbasis aus dem Fachgeschäft für Baubiologie gestrichen. Alternativ hierzu kann man auch verdünnten Parkettkleber verwenden.

Stark saugender Untergrund oder unebene Böden bzw. jene mit großen Stellen nicht entfernbarer Belagreste werden sauber abgekehrt und anschließend mit einem Dünnspachtel überzogen (z.B.

Test: Wie alkalisch ist der Untergrund?

In ein Glas füllt man etwas destilliertes Wasser (0,1 ml). Der Estrich wird gut gekehrt, und ein gestrichener Teel. Staub / Material wird in das Glas gegeben. Nun hält man einen Lackmusstreifen in das Wasserglas und kann anhand einer Farbtabelle, die dem Lackmuspapierheftchen beigefügt ist, erkennen, ob der Boden ein alkalisches Milieu aufweist. Sollte sich das Papier blau verfärben, ist eine Neutralisierung des Untergrundes erforderlich.

Thomsit / Henkel). Eine biologische Alternative ist zurzeit leider nicht erhältlich.

Zwischenboden

Ist der Boden stark beschädigt oder uneben, ist ein Zwischenboden vonnöten. Hierzu werden Verlegeplatten verwendet (z.B. Fermacell-Naturgips, zementgebundene Spanplatten, Holzfaserplatten, z.B. «Pavatex-Duro»). Oder Sie weichen von Ihrem ursprüngliche Vorhaben ab und entscheiden sich für einen Holzdielenboden, den Sie «schwimmend» verlegen.

Oberflächenschutz für Naturböden

Lackieren oder Ölen bzw. Wachsen?

Naturbelassene Fußböden sind ungeschützt. Die offenen Poren der Holzleisten, Dielen, Fliesen oder Auslegware nehmen ohne eine gründliche Oberflächenbehandlung sehr schnell Schmutz auf, der sich nicht mehr wegwischen lässt. Außerdem wird ein natürliches Material (mit Ausnahme von Keramik und Stein) ohne eine entsprechende Pflege rissig und marode. Es gibt zwei Möglichkeiten, die Langlebigkeit und den Oberflächenschutz der Böden zu gewährleisten: Versiegeln (Lackieren) oder Ölen bzw. Wachsen. Die

Versiegelung durch eine undurchlässige Oberflächenbeschichtung ist jedoch immer ein schlechter Kompromiss; ökologischen Schutz gewährleisten natürliche Öle und Wachse.

Lack Das Lackieren von Holzdielen kann einem Raum zwar ein neues «Gesicht» verleihen, doch werden die viel gelobten Eigenschaften eines natürlichen Bodenbelags durch eine Lackierung stark eingeschränkt. Eine versiegelte Oberfläche ist kaum mehr «atmungsaktiv», da die Dispersionsfähigkeit erheblich vermindert wird. Auch die elektrostatische Aufladung – die bei biologischen Oberflächen völlig wegfällt – wird durch einen Kunstharzlack möglicherweise wieder zum Thema.

Es gibt zwar auch biologische fußbodengeeignete Lacke (Universallacke), sie sind grundsätzlich jedoch weniger strapazierfähig als synthetische. Kratzer und «Laufstraßen» machen einen derart lackierten Holz- oder Korkboden nach nur wenigen Jahren komplett renovierungsbedürftig. Jetzt muss der gesamte Lack wieder abgeschliffen und entsorgt werden.

Öle Alle leicht trocknenden Pflanzenöle wie Leinöl, Tungöl, Rezinenöl und andere, die mit Sikkativen (Trockenstoffen) angereichert wurden, nennt man Firnisse. Hartöle weisen einen zusätzlichen Harzanteil aus Baumharzen auf, z.B. Kolophonium. Hartöle zeichnen sich durch eine hohe Abriebfestigkeit aus.

Wie ölt man Fußböden? Man trägt Firnisse und Hartöle mit einem Lappen auf. Ob man diesen per Hand oder mit einem Schrubber über den Boden reibt, ist Ermessenssache. Ein edler Parkettfußboden wird möglicherweise sehr vorsichtig und kreisend von Hand geölt, während ein grober Dielenboden die Schrubberbehandlung gut verträgt. Wichtig ist, dass das Öl gleichmäßig und ohne Flecken oder gar Pfützen aufgetragen wird. Öl wird nicht wie Lack als Film aufgetragen, sondern, wie z.B. von der Lederpflege her bekannt, feinfühlig in das Holz bzw. den Kork eingerieben.

Beim Ölauftrag arbeitet man am besten barfuß. Jede Berührung mit Stoff kann zu Flecken führen, weil das Öl nicht nur vom Fußboden, sondern auch z.B. von Socken aufgesogen wird und sich somit Trittspuren bilden können. Mit nackten Füßen kann

Dieser Parkettboden wurde abgeschliffen, neu geölt und zum Schluss gewachst.

man den Boden so lange betreten, wie er nass ist. Sobald er zu kleben beginnt, sollte man den Ölauftrag zehn bis fünfzehn Minuten einziehen lassen.

Durch die Feuchtigkeit des Öls richten sich die Holzfasern auf und machen den Fußboden zunächst rau. Ein Holzfußboden wird nach der kurzen Einwirkungszeit des Öls «nass» geschliffen. Mit einem feinen Schleifpapier (Körnung 180 und feiner) wird der gesamte Fußboden abgeschmirgelt (z.B. mit einem Exzenterschleifer). Durch das Schleifen werden Holz und Öl erwärmt, und das Holz wird vom Öl gut durchdrungen. Sofort nach dem Schleifen (max. 10 Minuten) wird die gesamte Fläche trockengerieben, und überschüssiges Öl und Schleifstaub werden entfernt.

Nach dieser ersten Bodenbehandlung kann man erst einmal eine Pause machen. Am nächsten Tag erfolgt der zweite Ölauftrag. Wiederum wird nach etwa einer Viertelstunde der Boden abgeschmirgelt. Hierzu kann man wieder das bereits vorhandene feinkörnige Schmirgelpapier oder Stahlwolle verwenden.

In allen Fällen liegen die Trockenzeiten zwischen den einzelnen Ölaufträgen bei etwa ein bis zwei Tagen. Der Erstauftrag trocknet langsamer. Die Trocknung hängt vom Raumklima, d.h. der Temperatur und der Luftfeuchtigkeit, ab.

Wachse

Alle geölten und selbst lackierten Böden können gewachst werden. Wachsbalsam besteht aus geschmolzenen Bienenwaben. Bei Hartwachsen für den strapazierten Fußboden kommt das pflanzliche Carnaubawachs hinzu. Zudem enthalten Bodenwachse in unterschiedlichen Anteilen Paraffine (synthetische Fette), Harze (Kolophonium u.a.), feste Öle (Leinöl u.a.) und flüchtige ätherische Öle, die die Trocknung beeinflussen. Teilweise kommen auch so genannte Mikrowachse zum Einsatz – allerdings sind solche Produkte dann nicht mehr als Natur- oder Bioprodukte zu bezeichnen.

Wie wachst man Fußböden?

Balsame können von Hand aufgetragen werden. Ein hauchdünner Auftrag ist eine wichtige Voraussetzung für ein zufrieden stellendes Gelingen, ansonsten klebt der Wachsfilm – ein Übel, das nur unter großem Arbeitsaufwand zu beseitigen ist!

Eine Politur mit einem fusselfreien Tuch bringt den Boden in alter Tradition zum «Strahlen». Das Polieren verteilt und verdichtet das Wachs. Manchmal wird ein zweiter Wachsauftrag nach acht bis zwölf Stunden mit der entsprechenden Nachpolitur empfohlen.

Ölbehandlungen für Naturböden

Holz: Je nach Holzart sind zwei bis fünf Ölaufträge notwendig.
Kork: Drei bis vier Aufträge bei 4-mm-Böden, vier bis sechs Aufträge bei 8-mm-Böden. Korkböden werden nicht geschliffen! Das Trockenreiben des Korkbodens ist allerdings nach jedem Auftrag wichtig.
Rohlinoleum wird mit einem Lappen hauchdünn mit Leinölfirnis oder Grundieröl behandelt. Die Saugfähigkeit von Linoleum ist vergleichsweise gering.
Unglasierte Tonfliesen (Terrakotta u.a.) werden wie Linoleum behandelt, allerdings zwei- bis dreimal mit Öl eingerieben.

Eine Bohnermaschine – wie manche sie noch von ihren Großeltern kennen – ist im Fachhandel erhältlich; man kann sie ausleihen oder käuflich erwerben. Ein reiner, harter Wachsblock wird in der Bohnermaschine langsam geschmolzen und mit einem Wollvlies automatisch in den Boden eingerieben. Auch das Polieren erledigt man mit dieser Maschine. Erkundigen Sie sich hierzu im baubiologischen Fachhandel, wo man Ihnen die Maschine gern erklärt.

Mit einer Bohnermaschine kann ein Naturboden gewachst und anschließend poliert werden.

Die ganze Natur offenbart sich durch die Farbe dem Sinn des Auges.

J.W. Goethe, Farbenlehre

Neue Farben für Möbel und Wände

«Ich brauch Tapetenwechsel ...», sang bereits Hildegard Knef. Renovieren verspricht neue Lebenslust – warum nicht mal die aktuellen Trends ausprobieren? In Farben lebt man tagtäglich, vorwiegend in geschlossenen Räumen: auf dem Arbeitsplatz oder in den eigenen vier Wänden. Sie bewegen die Psyche, wecken oder beruhigen den Geist und beeinflussen das Wohlbefinden. Farben, Lacke, Tapeten und Gardinen werden inzwischen allerorten in vielfältiger Qualität angeboten, die Auswahl fällt oft schwer. Hier greifen Wohnungsinhaber oft tief in die Tasche. Doch eine falsche Entscheidung kann leicht zu Unbehagen führen oder gar gesundheitliche Schäden nach sich ziehen. Auch wenn ein Fachmann die Arbeit ausführt – die Verantwortung bleibt beim Auftraggeber. Vieles spricht bei der Wandgestaltung für Naturmaterialien. Sie haben den Menschen die Geschichte hindurch begleitet, und die große Auswahl an natürlichen Farben und Pigmenten garantiert ein gesundes und farbenfrohes Wohnen. Dabei sind die Zutaten preiswert und die Techniken einfach.

Oberflächenbehandlung von Holz und Möbeln

Eine «Chemiekeule» für Schrank und Vitrine?

Im Wohnbereich ist es normalerweise trocken und warm. Eine Holzoberflächenbehandlung, die sich gegen Holzschädlinge richtet, ist unter dieser Voraussetzung vollkommen überflüssig, denn kein Hausbock, kein Pilz und auch kaum eine Bakterie kann im trockenen Milieu ein artgerechtes Dasein führen. Feucht und nass muss es sein, damit Käfer, eine Madenbrut, Pilze und andere Schädlinge das Bau- und Möbelholz zum Fressen gern haben. Die Wirkstoffe, die vor nicht allzu langer Zeit vielen Menschen ihre Gesundheit gekostet haben, haben im Innenraum nichts zu suchen und wurden zudem völlig überdimensioniert und überdosiert verstrichen – frei nach der alten Devise: viel hilft viel. Inzwischen sind wir klüger geworden. Viele betrachten die Antiquitäten aus längst vergangenen Epochen und fragen sich, warum diese Möbel noch nicht völlig wurmstichig sind, wenn es doch die organische Chemie erst seit knapp hundert Jahren gibt? Die Antwort muss lauten: Natürliche Oberflächenbehandlungen von Hölzern sind ökologisch verträglich und reichen aus, ein Möbelstück zu erhalten. Im Gegensatz zu den «Chemiekeulen» pflegen Wachse und Öle darüber hinaus das Holz.

Schädigungen durch Wohngifte

Wohngifte haben in der jüngeren Vergangenheit viele Menschen schwer erkranken lassen. Eines der traurigsten Kapitel in diesem Zusammenhang ist die Verwendung eines Holzschutzmittels (Xyladecor) der Firma DESOWAG, das bei Tausenden von Menschen zu schweren chronischen Erkrankungen und Schädigungen des Nervensystems führte. Am 25. Mai 1993 fällte das Landgericht Frankfurt sein Urteil im so genannten Holzschutzmittelprozess: Zwei Manager der Chemiefirma wurden zu einem Jahr Gefängnis auf Bewährung und einer sechsstelligen Geldzahlung verurteilt. Die Frage, wieso und wie man Holz schützen sollte, wird aber nicht erst seit jenem Skandal intensiv und kontrovers diskutiert.

Lacke

Gefahr durch Formaldehyd in Spanplatten

Wohngifte sind Schadstoffe in der Raumluft. Ihre Hauptquellen sind Fußböden und Möbel. Dabei ist nicht unbedingt die Oberflächenbehandlung die Ursache, sondern die Gefahr kann durch das verwendete Material entstehen, z.B. Spanplatten oder PVC-Bodenbeläge. An industriellen Arbeitsplätzen gibt es Grenzwerte für bestimmte Schadstoffe, die so genannten MAK-Werte (Maximale Arbeitsplatz-Konzentration). Da seit Mitte der 70er Jahre die hohe Belastung von Innenräumen durch die Ausgasungen von Formaldehyd aus Spanplatten offenkundig ist, legte der Gesetzgeber fest, dass für den Wohnbereich nur Spanplatten der Emissionsklasse 1 (E1) verwendet werden dürfen (Ausgasung 0,1 ppm). Von offizieller Seite wird behauptet, diese Emissionsklasse sei gesundheitlich unbedenklich. Es hat sich aber gezeigt, dass viele Menschen schon auf sehr geringe Belastungen reagieren, die unter dem Richtwert von 0,1 ppm liegen, und hier auch bereits gesundheitliche Schäden (akut und chronisch) hervorgerufen werden können.

Schellack verhindert Ausgasungen

Es empfiehlt sich daher, Spanplatten vollflächig zu versiegeln. Verwendet man hierzu allerdings einen «normalen» Lack, hat man möglicherweise den Teufel mit dem Beelzebub ausgetrieben. Auch «Biolacke» eignen sich nicht zur sicheren porendichten Beschichtung von Spanplatten; die Ausdünstungen werden hier höchstens reduziert, der Ausdünstungsprozess verlangsamt sich und benötigt einen längeren Zeitraum. Es gibt jedoch eine Alternative: Schellack. Er ist der einzige Naturlack, der Ausgasungen verhindert (siehe unten).

Verschiedene Lacke

Lacke haben ihre Namen aufgrund

- der enthaltenen Bindemittel: z.B. Kunstharzlack oder Öllack
- der enthaltenen Lösemittel: Wasserlack, Spirituslack, Esterlack.

Die Ausdünstungen aus Lösemitteln sind typenabhängig. Allerdings sind alle organischen Lösemittel mehr oder weniger gesundheitsgefährdend, und alle Lacke enthalten Lösemittel!

So genannte Wasserlacke enthalten Harze, die mittels Ammoniak (alkalisch) wasserlöslich gemacht wurden. Ein effektvoller

Naturharzlack wird z.B. aus Bernstein gewonnen. Wenn Naturharze anstelle von Kunstharzen verwendet werden und des Weiteren ein Umweltzeichen die Lackdose ziert, kann man diese schadstoffarmen Wasserlacke als «Biolack» bezeichnen. Denn solche speziell gekennzeichneten Lacke enthalten keine Pigmente auf der Basis von Schwermetallen; der Gehalt an freiem Formaldehyd darf nicht über 10mg/kg Lack liegen; keine nachweislich erbgutschädigenden, fruchtschädigenden oder krebsauslösenden Substanzen dürfen enthalten sein.

Achten Sie auf die Volldeklaration – auch bei Farben und Lacken!

Stark lösemittelhaltige Lacke bergen die meisten Gefahren. Im Innenraumbereich sollten diese Lacke deswegen nur verwendet werden, wenn es wirklich nicht anders geht. Aber selbst Heizungslacke werden inzwischen sehr lösungsmittelreduziert angeboten. Verwenden Sie die so genannten Wasserlacke oder Öllacke! Die Volldeklaration ist eine Forderung, die von seriösen Naturfarbenherstellern bereits seit längerer Zeit erfüllt wird.

Öllacke

Stellen Sie sich einen dicken Stärkepudding vor, der langsam, ohne dass er umgerührt wird, trocknet. Dann werden Sie sicherlich auch an die dicke Haut denken, die sich auf dem Pudding wie ein gummiartiger Film absetzt. Sie können die Haut später kaum noch mit dem Löffel zerstoßen. Noch fester wird die Haut auf einem *Öllack*, der heute als baubiologisches Produkt wieder aus rein pflanzlichen Rohstoffen hergestellt wird. Diese von Leinölfirnis, Ölen und Pigmenten bestimmte Mischung trocknet vergleichsweise langsam, bleibt allerdings für das Holz stets ein «kosmetisches» Pflegemittel, das über lange Jahre einen Schutz bietet. Allerdings verhindert es nicht den so genannten Dampfaustausch des Holzes; dafür blättern Öllacke aber nicht – wie andere Lacke – nach einigen Jahren unschön ab; ebenso fällt die bekannte Rissbildung bei starken Witterungseinflüssen weg. Ein Öllackanstrich ist z.B. für die Außenbehandlung von Holztüren und Fensterrahmen geeignet. Für den Innenanstrich ist er in der Regel zu aufwändig (hier kann man mit Lasuren ein schönes Farbergebnis erzielen). Ein gleichmäßiger Auftrag bedarf eines schichtweise dünn aufgetragenen Anstrichs. Man muss den Pinsel kräftig schwingen, um den Aufstrich so dünn

wie möglich aufzutragen, ansonsten trocknet ein Öllackanstrich sehr langsam und bildet den erwähnten «Pudding»-Film. Die Mühe lohnt sich, denn auf späteres Abbeizen der alten Lackschicht kann man dann verzichten. Der Holzschutz durch einen Öllack wird nach Bedarf einfach angeraut und mit einem Ölanstrich erneuert. Außerdem gibt es am Fensterholz oder an Türen wenig Probleme mit Feuchtigkeit.

Öllackbehandelte Holzflächen sind dampfoffen. Faulige Hölzer, z.B. durch Kondenswasser, sind aufgrund der «Atmungsaktivität» der Oberflächen weniger ein Problem, sondern vielmehr ein Resultat der Versiegelung durch moderne Lackierungen.

Ein Öllackanstrich bietet lang anhaltenden Schutz.

Schellack stammt in der Hauptsache aus Ostindien. Die Schellacklaus, eine Schildlaus, die sich an den Zweigen einer dort beheimateten Pflanze labt, ist der eigentliche Produzent dieses

So gelingt der Schellack aus hauchdünnen Plättchen

Man füllt ein Marmeladen- oder Einmachglas zu einem Drittel mit Schellackplättchen, übergießt sie mit dem Spiritus und lässt sie über Nacht aufweichen.
Am nächsten Tag hat sich eine trübe Masse am Grund abgesetzt, ein klarer, bräunlicher Lack befindet sich im oberen Teil des Glases. Für einen *Klarlack* verwenden wir diesen ungetrübten Lack. Das gesamte Gemisch kann mit farbigen Pigmenten aus dem Naturfarbenhandel versehen werden und zum *Buntlack* verrührt werden.

Schellack sehr harten Naturlacks. Der von der Laus angestochene Busch scheidet an seiner Wunde ein bräunliches Harz aus, das von den Läusen verstoffwechselt wird. Die Ausscheidungen der Läuse bilden auf der Rinde langsam eine dicke Kruste, den «Stocklack», der zusammen mit den bereits toten Läusen abgeschlagen wird. Dieser harte, spröde Rohstoff wird in Leinensäcken gesammelt, bei hohen Temperaturen geschmolzen und von Verunreinigungen befreit. In dünnen Schichten lässt man den rötlichen, fast farblosen Schellack trocknen und zerbricht diese zu den bei uns erhältlichen Plättchen. Teilweise wird Schellack auch in gebleichter Form angeboten. Einige Naturfarbenhersteller bieten Schellack bereits in alkoholgelöster Form an. Es ist allerdings kein Aufwand, die Plättchen selbst in 98%igem Alkohol (Brennspiritus) zu lösen.

Verarbeitet wird Schellack mit dem Pinsel oder mit einem (explosionsgeschützten!) Spritzgerät. Eine großflächige Schellackpolitur ist harte Handarbeit und nur etwas für geübte Maler und Lackierer, denn es bedarf dazu einiger Übung.

Vorsicht: Schellack, Naturharzöllacke und alle anderen Oberflächenbehandlungen, die Lösemittel enthalten, können bei der Verarbeitung zündfähige Dämpfe bilden!

Lasuren

Massivhölzer lasieren Voll- oder Massivhölzer sind nicht nur unbedenklicher als Spanplatten oder Furniere, sie besitzen auch einen besonderen Charme. Dieses typische «Gesicht» des Holzes sollte man nicht einfach mit Farbe übertünchen. Ein hervorragendes «Makeup» für Hölzer aller Art sind farbige Lasuren. Die offenen Poren des Holzes werden mit einer Mischung aus Harzen und Pigmenten gefüllt. So wird ein Schutz vor Verschmutzung erreicht, und zugleich kleidet dieser natürliche Holzschutz das Möbelstück in einen Hauch von Farbe. Je nach Häufigkeit des Anstrichs kann eine gewisse Intensität der farbigen Note erreicht werden.

Vorbereitungen für eine Lasur

Damit eine Lasur ein farbiger Erfolg wird, muss die Holzoberfläche vorbereitet werden. Eine saubere, staubfreie, glatt geschliffene und trockene Oberfläche ist Voraussetzung. Jetzt sollten die offenen Poren mit einem Naturharzöl vorbehandelt werden. Dadurch wird die starke Saugfähigkeit des Holzes reduziert, ohne dass das Naturharzöl einen Film auf dem Holz hinterlässt; es zieht recht «trocken» ein. Nach fünfzehn Minuten reibt man die Fläche mit einem fusselfreien Lappen ab.

Lasuren mit Pinsel oder Sprühflasche

Nun muss das Möbelstück einen ganzen Tag lang trocknen. Die kleinen Holzfasern haben sich nach dieser Zeit gesträubt (Dochtwirkung), und man hat am nächsten Tag ein raues Holz, das jetzt einen Zwischenschliff mit feinem Schmirgelpapier benötigt. Erst nachdem das Holz fein und glatt geschliffen ist, sollte man mit dem Lasieren beginnen. Hierzu kann man einen Pinsel oder eine Sprühflasche verwenden – die unterschiedlichen Effekte sind sehr interessant.

Ein weiterer Zwischenschliff ist unvermeidlich, will man ein schönes, glattes Holz und eine gleichmäßige Pigmentverteilung haben. Je nach Wunsch kann man noch mehr Zwischenanstriche vornehmen, vorausgesetzt, man schleift die Oberfläche stets wieder schön glatt und wartet eine Trocknungszeit von bis zu einem Tag ab.

Vorsicht, Feuergefahr!

Alle Werkzeuge werden mit natürlicher Pflanzenbalsamverdünnung gereinigt. Lappen, die mit lösemittelhaltigen Farben, Lasuren oder Pflegemitteln getränkt sind, hängt man zum Trocknen einzeln an eine Leine. Auf keinen Fall zusammenknuddeln oder in einem schlecht verschlossenen Gefäß verstauen: Die Gefahr liegt weniger bei den Lösemitteln als vielmehr im Selbstentzündungspotenzial der verdunstenden Öle!

Die Zusammensetzung der Lasur

Lasuren für Holz im Innenbereich lassen sich leicht selbst anrühren. Hierzu braucht man farbige Pigmente. Am schönsten sind Pflanzenpigmente; sie sind im baubiologischen Handel oder im Naturwarenhandel erhältlich. Weiterhin ist Wasser notwendig sowie ein Bindemittel. Als Bindemittel eignet sich Leim, z.B. ein hoch verdünnter Kaseinleim. Man gibt so viel Wasser hinzu, bis eine gut streichbare Lasur entstanden ist. Diese wird mit den gewünschten Pigmenten vermischt (s. Rezept für Kaseinleim, S. 66). Man kann auch einen Tapetenleim verwenden, z.B. einen Mehlleim, und diesen stark verdünnt mit Pigmenten mischen (s. Rezept für Mehlleim, S. 65). Allerdings eignet sich eine solche Lasur nur für einen einschichtigen Anstrich. Weil nämlich ein Mehlleim nicht wasserfest ist, würde man bei einem zweiten Anstrich den vorherigen wieder herunterwischen.

Die traditionelle Bierlasur

Einfach herzustellen ist auch die traditionelle Bierlasur, die sich als Holzlasur bewährt hat. Man mische 1 l Bier mit 20 g bis 100 g Pigmenten. Eine Bierlasur ist ebenfalls nicht wasserfest und nur begrenzt wischfest (etwas stabiler als die Mehlkleisterlasur). Auch hier sollte man beim Mischungsverhältnis berücksichtigen, dass man einen zweiten Anstrich nur bedingt auftragen kann. Wenn das Holz gut saugfähig ist und der erste Anstrich mit einer Bierlasur gut durchgetrocknet ist, kann man vorsichtig eine zweite Lasurschicht auftragen. Wer diese Form der Farbgestaltung für den Außenanstrich wählt, muss überlackieren, damit die Lasur auch Wind und Wetter standhält. Wer eine Bierlasur im Innenbereich aufträgt und eine Wischfestigkeit wünscht bzw. diese Lasur in Feuchtbereichen anwenden will, kann anschließend mit Wachsen das Holz imprägnieren.

Lasuren gibt es fertig gemischt im ökologischen Bau- und Farbenhandel. Je nach Holzart wirken die Farben sehr verschieden. Man sollte an einer verdeckten Stelle einen kleinen Testanstrich vornehmen, um das Resultat möglicherweise korrigieren zu können.

Wachse

Wann werden Möbel gewachst?

Gewachst werden Möbel, nachdem sie lasiert sind oder wenn sie als unbehandelte Naturholz-Oberfläche einen natürlichen, ökologisch und baubiologisch optimalen Schutz erhalten sollen. Der sorgfältige Auftrag einer Wachsemulsion schützt vor Verschmutzung, pflegt und «nährt» das Holz, ohne seiner natürlichen Optik zu schaden.

Möbelwachse werden in vielen Qualitäten angeboten – nicht immer mit den besten Zutaten. Vor dem Kauf sollte man die Deklaration durchlesen. Tenside z.B. sind Reinigungswirkstoffe und haben im Holzschutzmittel eigentlich nichts zu suchen, da sie pflegende Fette entziehen und das Holz austrocknen. In wasserverdünnbaren (bzw. wasserverdünnten) Wachspflegemitteln werden diese Tenside aber nicht als Reinigungsmittel, sondern in ihrer Funktion als Emulgatoren eingesetzt. Ein Möbelwachs sollte geschmeidig sein, damit es beim Auftrag, aufgrund der Reibungswärme, weich und flüssig wird – nur dann kann es tief in die Holzporen eindringen.

Möbelwachs schützt und nährt das Holz.

Verschiedene ökologische Pflegewachse

Ökologische Pflegewachse werden vornehmlich aus Bienen- oder Carnaubawachs sowie einem verdünnenden Öl, z.B. Leinöl, hergestellt. *Bienenwachsemulsionen* duften, schützen das Holz vor Verschmutzung, pflegen und nähren es zugleich. Bei den pflanzlichen Wachsen ist das *Carnaubawachs* von Bedeutung, das härteste der Naturwachse, das von der Fächerpalme auf den Blattunterseiten als Verdunstungsschutz ausgeschieden wird. Hauptanbauland ist Brasilien. Die Blätter dieser Bäume, die bis zu zweihundert Jahre alt werden können, werden über Wasserdampf abgekocht. Das geschmolzene Wachs wird gereinigt und in Blöcke gegossen.

Möbelwachs selbst herstellen

Ein Möbelwachs ist leicht und preiswert selbst herzustellen: Beim Imker kauft man ein Stück Bienenwachs für ca. 20 bis 25 DM/kg. Für einen Schrank werden maximal 50 g Wachs benötigt. Man kann mehr Möbelwachs anrühren und für weitere Behandlungen in eine gut verschließbare Dose (z.B. Plätzchendose) füllen.

Möbelwachs – selbst gerührt

1 l Leinöl auf etwa 60 – 80 °C erwärmen. Etwa 100 – 150 g Bienenwachs (oder Carnaubawachs) im warmen Öl schmelzen. Unter ständigem Rühren erhält man eine Lösung, die nach dem Erkalten eine Konsistenz wie eine gute Schuhcreme hat (übrigens auch zur Stiefelpflege geeignet!). Es obliegt der Erfahrung und der Handfertigkeit, wie streichfähig man die Lösung gestaltet; je mehr Öl, desto dünnflüssiger wird die Öl-Wachs-Lösung.
Ätherische Öle sorgen für natürlichen Insektenschutz. Lavendel z.B. ist ein herrlicher Duft. Nur wenige Tropfen werden dem selbst angerührten Möbelwachs untergemengt. Während das Lavendelöl langsam verdunstet, gibt es einen dezenten Duft ab, der zugleich eine insekten- und mottenvertreibende Wirkung besitzt (Repilenz).
Ein wenig Orangenschalen- oder Terpentinöl lässt das Möbelwachs schneller trocken.

Der Wachsauftrag

Nach Erkalten der Wachslösung findet die Oberflächenbehandlung mithilfe eines fusselfreien Lappens statt. Mit kreisenden Bewegungen streicht man die Schutzschicht in Richtung der Holzmaserung in das Möbelstück ein. Das Holz saugt gierig die Wachslösung auf. Man arbeitet mit vorsichtigen Bewegungen und wenig Wachs, sodass sich kein Oberflächenfilm bildet. Dafür geht man lieber mehrmals mit einem leicht getränkten Lappen über die Fläche. Wenn das Holz gesättigt ist, lässt man das Möbelstück ein bis zwei Tage lang an einem luftigen Ort austrocknen. Bei manchem preiswertem Möbelstück – z.B. aus Selbstabholmärkten – muss nach der ersten Wachsbehandlung ein Schliff mit feinem Schmirgelpapier für eine feine, ebenmäßige Oberfläche sorgen. Die Tücher für den Wachsauftrag müssen nach der Behandlung gut gelüftet und getrocknet werden. Wer am nächsten Tag weiter arbeiten möchte, muss die Tücher unter Luftabschluss aufbewahren.

Wände «bekleiden»

Tapeten waren in früheren Jahrhunderten häufig ein Luxus, denn Papier, besonders in den benötigten Mengen, war für die durchschnittliche Bevölkerung nicht erschwinglich. Auch nach dem Zweiten Weltkrieg half man sich mit unkonventionellen Methoden, wenn es darum ging, ein wenig Gemütlichkeit in die Wohnung zu bringen und dem tristen Grau der Wände ein Ende zu bereiten. Mit Pinsel und Schablone wurde so mancher Flur gestaltet – eine Methode, die heute wieder große Beachtung findet.

Tapeten: nicht nur die Optik macht's

Perfekte Optik, von der Fototapete bis hin zur Seidenbespannung: dem Geschmack sind heute keine Grenzen mehr gesetzt. Tapeten werden dem Zeitgeschmack entsprechend designed, passend zu jedem Mobiliar, von klassisch bis modern. Wenn es aber zugleich darum geht, eine gesunde Atmosphäre, eine gewisse Isolation vor Schall und Temperatureinflüssen zu erzielen, ist die Auswahl der Tapeten und Wandbekleidungen um einiges geschmälert. Nicht immer ist das, was teuer angeboten wird, auch gut – jedenfalls unter ökologischen Aspekten.

Verschiedene Tapeten

Tapeten werden vorwiegend aus Papier und Zellulose gefertigt. Die beliebte *Raufaser* wurde 1864 von einer Wuppertaler Firma auf den Markt gebracht und ist bis heute als «Erfurter» Tapete eine allseits empfohlene Qualität. Zwischen zwei Papier-Zellulose-Bahnen wurden unbehandelte Holzfasern mithilfe von Naturharzen eingearbeitet. Das bewährte Prinzip der Raufaser hat inzwischen viele Nachahmer gefunden, aber nicht immer werden umwelt- und gesundheitsverträgliche Zutaten verwendet. Fungizide oder ausdünstende Kunstharzanteile haben die alte «Erfurter» zwar nicht in Verruf bringen können, doch sei der Käufer zur Vorsicht gemahnt. Mit einer billigen Tapete spart man möglicherweise am falschen Ende.

Von mancher Tapete kann man nur abraten: Zum Beispiel werden so genannte *Vinyltapeten* mit Polyurethan oder Weich-PVC-Schaum oberflächenbehandelt. Sie sind geradezu schädlich für das Raumklima, da sie luft- und feuchtigkeitsundurchlässig sind und

zwischen Wand und Tapete ein Idealklima für Keime entsteht. So genannte *Isoliertapeten* werden gern aus Polystyrolschaum gefertigt; auch sie können keine Feuchtigkeit aufnehmen und gasen zugleich eine Zeit lang das gesundheitsgefährdende Styrol aus.

Eine Tapete kann sowohl eine Wärme- und Schallisolierung als auch ein Schutz vor Feuchtigkeit sein. Dämmende Materialien, wie Holz, Kork, Gras- oder Textilfasern, lassen sich auf ganz unterschiedliche Weise an die Wand bringen. Man kann sie als fertige Tapete kaufen, in eine selbst gerührte Kaseinfarbe einrühren und auf die Wand streichen oder mit einem Kaseinkleber auf die Wand bzw. Tapete leimen. Sofern sie naturbelassen sind, bieten *Textiltapeten,* z.B. mit Baumwolle, Flachs, Jute, Sisal, Schafwolle oder Seide, eine gute Alternative, die auch mittels einer Wandfarbe in den gewünschten Farbton gebracht werden kann. Bei der *Korktapete* bestimmen wiederum die verwendeten Harze die ökologische Qualität.

Tapeten schaffen ein wohnliches Klima und dienen der Isolierung.

Das Trägermaterial ist entscheidend

Wandverkleidungen aus ökologischen Materialien kann man z.B. im gut sortierten Fachhandel oder in manchen Baumärkten kaufen. Es kommt vor allem auf das Trägermaterial an. Vor dem Kauf sollte man darauf achten, dass die Rückseite der Tapete nicht mit synthetischen Materialien versiegelt ist. Sind die natürlichen Fasern auf Polyethylen, einem recht umweltverträglichen Kunststoff, befestigt – man sagt «kaschiert» –, so ist die Tapete aus ökologischen und baubiologischen Gesichtspunkten nicht zu empfehlen. Diese Kunststoffhaut mit Naturdesign ist nicht atmungsaktiv und nahezu luftundurchlässig.

Vom ökologischen Fachhandel empfohlen:

Erfurter- oder Eugrama-Raufaser, Pickhart + Siebert Baumwolltapete, Rasch Como Textiltapete, Sattler Largo-, Lento- und Moderato-Textiltapete.

Raufasertapeten mit einem Anteil von 80 % Altpapier dürfen den «Blauen Engel», ein Umweltgütezeichen, tragen, bei anderen Tapeten ist hierfür ein Altpapieranteil von 60 % Voraussetzung.

Diffusionsfähigkeit

Eine gute, diffusionsfähige Tapete lässt die Wasserdämpfe durch das Mauerwerk entweichen, sofern es sich um die normale Feuchtigkeit durch Wasserdämpfe in Küche und Bad handelt. Durch eine Lackierung der Wände oder bei Verwendung einer kunststoffbeschichteten Tapete kondensiert der Wasserdampf dagegen an der Oberfläche – die Feuchtigkeit bleibt im Raum. Man sollte auf atmungsaktive und zugleich oberflächenschützende Naturwerkstoffe ausweichen, z.B. Öllacke oder Elefantenhaut.

Die bewährte «Elefantenhaut»

Die Möglichkeit, eine Tapete zu säubern, ist an stark strapazierten Flächen manchmal gewünscht. Eine gewisse Wischfestigkeit ist z.B. in Treppenhäusern oder in Feuchträumen von Vorteil. Hier hat sich die so genannte Elefantenhaut bewährt, eine transparente, matt glänzende Schutzschicht, die die Atmungsaktivität der Wand nicht beeinträchtigt. Das Geheimnis dieser strapazierfähigen Beschichtung ist der klare Kaseinleim, der mit Wasser und – das ist der Trick – mit Öl vermischt wird.

Eine «Elefantenhaut» selbst herstellen:

1 kg Magerquark, 50 g Borax, 200 g Wasser, 5 Essl. Sonnenblumenöl oder Leinölfirnis.
Ein Probeanstrich an einer «unsichtbaren» Stelle gibt Aufschluss, ob die Mischung gelungen ist.

Feuchtigkeit

Feuchtigkeit im Mauerwerk ist allerdings ein Problem, das man nicht einfach «wegtapezieren» kann. Die Quelle dieser Feuchtigkeit muss erkannt und behoben werden, weil es ansonsten zu gesundheitsgefährdender Keim- und Schimmelbildung kommt. Hier ist der Hauseigentümer gefragt, der sich im ökologischen Fachhandel beraten lassen kann.

Farben für Wände und Kinderhände

Die Mischung macht's

Farben kannten schon unsere Vorfahren in der Steinzeit, die ihre Wohnhöhlen mit sehr haltbaren Gemälden verschönerten. Heute ist nur wenigen das Mischungsverhältnis einer gut streichbaren und wischfesten Wandfarbe bekannt. Dabei handelt es sich in vielen Fällen um eine Farbe aus aufgeschlossenem Quark, vermischt mit natürlichen Farbpigmenten. Wie haltbar eine solche Naturfarbe ist, beweisen die oft jahrhundertealten Gemälde, z.B. in vielen Kirchen. Doch bleibt die Zusammenstellung einer guten Wandfarbe eine besondere Kunst. Mit nahezu alchemistischem Feingefühl erkunden Fachleute den Haftgrund und formulieren für die spezielle Anwendung eine Mischung, die jedoch immer wieder auf die gleiche Urformel zurückgreift: Quark und Borax.

Farben selbst herstellen

Wer ein Kunstwerk oder eine Farbe für besondere Zwecke erstellen möchte, kommt um die Fachberatung nicht herum. Will man dagegen eine einfache Wandfarbe z.B. für den Innenanstrich herstellen oder Kindermalfarben mischen, kann man sich ohne große Scheu ans Werk machen; kleine Fehler bemerkt man sofort und kann sie ausmerzen. Auf jeden Fall wird man eine gut zu verarbeitende Wand- oder Malfarbe erhalten, die nur einen Bruchteil dessen kostet, was man für fertige Wandfarben bezahlen muss.

Wenn es um einen frischen Anstrich geht, wird in der Regel viel

Die Bestandteile: Quark, Pigmente, Borax

Geld für Wandfarben ausgegeben. Man erhält zwar einen großen Eimer voll mit Farbe, doch wird hier der Hauptanteil des Gewichtes vom Wassergehalt bestimmt. Wer Geld sparen und eine gesunde Farbe ohne Konservierungsmittel und andere Füllmittel verstreichen möchte, sollte ein wenig in den Büchern der alten und neuen Meister blättern; das Prinzip der Farbenherstellung ist auch für Anfänger leicht verständlich: Man benötigt ein Bindemittel – wir nehmen Magerquark, der ist überall preiswert erhältlich –, zur Farbgebung natürliche Pigmente und Borax, ein Mittel, das den Quark zu einem bindungsfähigen Material aufschließt (Sie können auch das vom Backen her bekannte Hirschhornsalz verwenden). Pigmente und Borax bekommt man im biologischen Naturwarenfachhandel oder über einen Hersteller von Naturfarben; manchmal kann man natürliche Pigmente und Borax über den Naturkostladen bestellen.

Damit die Mischung keine zähe Masse wird, braucht man das bereits erwähnte Wasser. Die Arbeitsschritte werden unterteilt in das Anrühren des Kaseinbinders und das Ansumpfen der Pigmente.

Verzichten Sie bei farbigem Anstrich auf Titandioxid!

Im Handel erhältliche Wandfarben enthalten meist Titandioxid. Die bei der Herstellung anfallende Dünnsäure wird heute nicht mehr in der Nordsee verklappt, sondern in einem Recyclingverfahren wieder verwendet. Dennoch gelangen nicht unwesentliche Reste aus diesem Recyclingverfahren in den Sondermüll und damit auf Deponien. Werden diese Fässer in naher Zukunft vielleicht von sich reden machen? Wer farbige Anstriche wünscht, braucht kein Titandioxid. Die Zugabe in konventionellen, fertigen Wandfarben ist in den meisten Fällen überflüssig und sorgt nur für unnötige Umweltprobleme.

Pigmente

Farbige Anstriche erhält man durch die Zugabe von Pigmenten. Doch recht häufig stellen gerade die Farben eine besondere Gefahr für die Gesundheit dar. So ist bis heute nicht klar bewiesen, ob Napoleon seine Liebe für leuchtend grüne Tapeten nicht mit dem Leben bezahlte: Angeblich hatte er in seinem Exil auf St. Helena ein Zimmer mit «Schweinfurter Grün» streichen lassen, einer stark arsenhaltigen Farbe, wie man später erkannte.

Einfaches Rezept für eine gut streichbare Wandfarbe

1. Der Kaseinbinder:
200 ml Wasser werden mit 40 g Borax aufgekocht (Borax ist ein Salz und löst sich wie normales Kochsalz auch leicht in Wasser auf). 1 kg Magerquark in einen 10-l-Eimer geben und die Boraxmischung untermengen. Die Masse zwei Stunden ziehen lassen. Schließlich 2 Essl. Sonnenblumen- oder Leinöl hinzugeben.

2. Der Pigmentsumpf:
1 l Wasser, 3 kg reine Kreide aus dem Drogeriefachmarkt oder dem biologischen Bauhandel (nimmt man 2,5 kg Kreide und 0,5 kg Titandioxid, ergibt das eine strahlend weiße Farbe; auf das Titandioxid kann man verzichten, wenn man einen farbigen Grundanstrich wünscht, der durch die Beigabe eines farbigen Pigments entsteht).
Die Mischung ist von Hand kaum zu bewegen. Daher empfiehlt sich die Zuhilfenahme einer Bohrmaschine mit Mischeraufsatz. Nach den zwei Stunden, die der Binderansatz zur Reifung benötigt, fügt man die Pigmentmischung hinzu.

In vielen Rot- und Gelbtönen ist bis heute Kadmium enthalten – ein hoch giftiges Schwermetall. Bleiweiß ist ebenfalls eine giftige synthetisch hergestellte Farbe. Es gibt darüber hinaus drei natürliche Erdfarben, die giftig sind: Azurit, Malachit und Auripigment. Gummigut ist eine giftige Pflanzenfarbe, die allerdings nur sehr selten angeboten wird und meist zur «Vergoldung» in kleinen Mengen verwendet wird, z.B. beim Schablonieren. Doch sind die giftigen Naturfarben nicht einfach für jeden zugänglich, sondern werden höchstens auf besonderen Wunsch angeboten.

Die Wirkung natürlicher Farben

Der Verzicht auf synthetische Farben ist nicht nur aus ökologischen, sondern auch aus ästhetischen Gründen empfehlenswert. So schreibt etwa Brunhild Müller über die Wirkung der Farben: «Die Seele geht in sie über, und sie werden von ihr sittlich-wesen-

Rohstoffe für «gesunde» Farben und Anstriche

haft empfunden.» Sie bezieht sich hierbei auf Goethe, der in seiner Farbenlehre der «sinnlich-sittlichen Wirkung der Farbe» großes Augenmerk schenkte. Auch Rudolf Steiner hat in einigen pädagogischen Vorträgen die Wirkung der Farbe auf unser Gemütsleben beschrieben.

Doch wenn bei Goethe und Steiner von Farbe die Rede ist, so bezieht sich dies unbedingt auf das aus natürlichen Rohstoffen gewonnene Pigment; die Petrochemie ist erst seit etwa hundert Jahren in der Lage, großtechnisch aus Erdöl Farben zu erzeugen – künstliche Produkte, die eine Verfremdung der natürlichen Welt bewirken. Wer die Schönheit der natürlichen Farben genießen möchte und ihre inspirierende Kraft und Lebendigkeit erfahren hat, wird auf synthetische Anstriche verzichten. Einige Beispiele für die Wirkung solcher Naturfarben mögen dies illustrieren. «Es ist ein Erlebnis, in einem mit Pflanzenfarben ausgemalten Raum [gemeint ist der Englische Saal im Goetheanum/Dornach] zu beobachten, wie morgens das Indigoblau aus dem Dämmer auftaucht, über Tag in verschiedenen Nuancen spielt und abends noch lange in einem tiefen Blau nachleuchtet. Solche Farben können das ermüdete Auge wieder anregen. Die wohltätige Wirkung kann überhaupt in der vielfältigsten Weise benutzt werden», schreibt Renate Jörke. Ein bewegendes Gefühl – beruhigend, ohne zu betäuben, anregend, ohne zu erregen – ergreift z.B. auch die Patienten des Therapeutikums in Krefeld, einer Gemeinschaftspraxis, der sich mehrere praktische Ärzte und Ärztinnen sowie ein Frauenarzt angeschlossen haben. Alle Praxisräume sind mit dezenten Lasuren gestaltet und erstrahlen nicht im «medizinischen Weiß» mit seiner sterilen, furchteinflößenden Wirkung. Auch das Gemeinschaftskrankenhaus in Herdecke nutzt die farbige Wandgestaltung mit Naturpigmenten für therapeutische Zwecke. Die Patienten empfinden diese Raumatmosphäre als wohltuend.

Der ökologische Fachhandel bietet eine Vielzahl natürlicher Pigmente aus pflanzlichen oder mineralischen Rohstoffen. Die Pigmente müssen sorgfältig in die Kaseinfarbe eingerührt werden. Ein Probeanstrich auf einem Stück Papier gibt Aufschluss über den Farbton nach der Trocknung.

Pigmente selbst herstellen

Pigmente kann man auch selbst herstellen, z.B. aus getrockneten, zermahlenen farbigen Erden (aus dem Urlaub mitgebracht oder aus dem Garten), zerstoßenen, zerriebenen Backsteinen oder Kohlen. Auf getrocknete Pflanzenteile sollte man für den Zweck des Wandanstrichs verzichten, da diese in der Regel nicht lichtecht sind und an den ungeschützten Wänden schnell verblassen.

Man unterscheidet natürliche Erd-, Tier- und Pflanzenfarben, künstliche Mineralfarben und künstliche Teerfarbenpigmente. Bei den Erdfarben handelt es sich um fein zermahlene Erden, Kreide, Schiefer oder Gestein. Bei den Mineralpigmenten sind bereits erste aufwendige Verarbeitungsverfahren notwendig.

Farbe «lebendig» verarbeiten

Wände lasieren

Eine alte Methode der Wandgestaltung erfreut sich wachsender Beliebtheit: die farbige Wandlasur. Auf einem sauberen Untergrund wird ein nichtdeckender Farbanstrich vorgenommen. Dabei wird in der Regel keine Farbrolle verwendet (obgleich dies sicherlich auch möglich ist), sondern die aus Wasser, Pigmenten und einem farblosen Binder (z. B. Kleister) bestehende Lasur wird von Hand aufgewischt, gespritzt, getupft oder gezogen.

Die Arbeit hat stark künstlerisch-kreative Züge, daher will ich an dieser Stelle kein «Rezept» geben, sondern zur künstlerischschöpferischen Hingabe, zum Experiment mit Farben, Licht und großen Flächen «anstiften».

Verschiedene Lasiertechniken

Es gibt verschiedene Techniken, die eine Lasur ganz unterschiedlich wirken lassen, je nachdem, ob man diesen nichtdeckenden Farbauftrag mit einem Lappen, einem Schwamm, einem Quast oder gar einer Wurzelbürste vornimmt. Das Ergebnis fällt immer anders aus. Immer aber entsteht ein bewegtes Wandbild, ein Fließen der Farben, manchmal ein wilder Sturm, manchmal ein ruhiger Fluss. Es liegt an der Intensität der Farbe, der Dynamik beim Auftrag und sicherlich auch an der Technik, ob die Lasur eher kräftig, aktiv und bewegt oder sanft, ja sogar ruhend wirkt.

Ein mit dem Quast wild aufgeschleudertes Karminrot gleicht einem Feuersturm, der lodernd und züngelnd große Kraft ausstrahlt. Besonders stark wird dieser Effekt, wenn man nach dem Trocknen mit einer zweiten Lasurfarbe in gleicher Form das Farbenspiel vollenden lässt. Blau und Rot haben beide eine große Kraft. Rot geht einher mit Würde und Kraft, aber auch mit Anmut, Blau zieht einen immerfort nach sich, so beschreibt Steiner die Farbe, die vor allem im Verbund mit Rot eine unruhige, weiche, sehnende Stimmung hervorruft.

Die lebendige Farbenwelt der Natur

Die besondere Form der Maltechnik gibt den kraftvollen Farben eine ganz spezielle Note, einen Schwung, einen im Grunde genommen natürlichen Rahmen, denn in freier Natur begegnen uns Farben nie als glatte, homogene Fläche, wie wir sie von einer gestrichenen Raufaserwand kennen. Der Himmel, das Meer, die weite Steppe, die Wüste oder die unendlichen Weiten des ewigen Eises erscheinen stets im lebendigen Farbenspiel. Schatten, Wolken, die vom Lichtstrahl aufgebrochenen Farbspektren erfüllen jeden Winkel der Natur mit einer wunderbar lebendigen Farbenwelt. Sehen, betrachten, fühlen – die Natur bietet das perfekte Vorbild, das schon die großen Maler einfangen wollten.

Die individuelle Wandgestaltung

Möglichkeiten der Wandgestaltung

Nach einer Lasur oder einem einfarbigen Anstrich einer Tapete, einer Raufaser oder eines glatten Putzes hat man mit einfachen Mitteln noch vielfältige Gestaltungsmöglichkeiten:

- Man kann – bei künstlerischem Talent – ein Wandbild aufmalen.
- Man kann mit einer Kaseinfarbe tünchen und später Pigmentschichten mittels Wischtechnik auftragen.
- Mit Gips bzw. einer ölhaltigen Naturspachtelmasse kann ein individueller Rauputz aufgetragen werden. Mit etwas Geschick kann man in einem schlichten, funktionsbetonten Raum eine organische, lebendige Gestaltung einarbeiten.
- Mit einer Bürste können Lehmschlämme aufgetragen werden (1,5 Teile Lehmpulver / 1 Teil Wasser).
- Elegant wirkt eine Bespannung mit Naturtextilien. Auf die Wand werden in Stoffbahnenbreite Rahmen aus gehobelten Dachlatten gedübelt. Hinter glatten Holzleisten werden die Textilbahnen auf diesen Rahmen mit Holzschrauben fixiert.
- Unbehandelte Fasern (Kokos, Wolle, Sisal, Hanf) können mit gestalterischem Geschick mithilfe von Mehlkleister auf die Wand aufgetragen werden. Später wird mit Kaseinfarbe gestrichen und möglicherweise durch Pigmente farblich gestaltet.
- Ein Muster aus aufgeklebten Textilienstücken (Quadrate, Kreise, Dreiecke etc.), symmetrisch oder asymmetrisch und mit handwerklichem und künstlerischem Talent aufgetragen, können einer Wand zu avantgardistischem Charme verhelfen. Wir kennen diese unkonventionelle Art der Gestaltung aus modernen Cafés und Gaststätten, deren Besitzer mithilfe von Objektdesignern ihre Wände in kleine Kunstwerke verwandeln lassen. Vor der Verarbeitung auf einer großen Fläche sollten ungeübte «Wanddesigner» eine Skizze auf Papier oder am Computer vornehmen.

Mehlkleister anrühren

1 kg Weizenmehl oder Kartoffelstärke, 1 l kaltes Wasser, 10 bis 15 l Wasser zum Kochen bringen. Mehl (Kartoffelstärke) in einen Eimer geben und das kalte Wasser unter ständigem Rühren langsam hinzugeben. Wenn keine Klumpen mehr zu sehen sind, füllt man das kochende Wasser hinzu und rührt regelmäßig weiter. Es entsteht ein gallertartiger Kleister, der nicht zäh vom Rührstab abtropfen sollte.
Mehlkleister hält nur wenige Tage. Wenn er säuerlich riecht (nach etwa drei bis vier Tagen), darf er nicht mehr verwendet werden. 1 bis 2 % Borax oder Alaun (im Drogerie- oder Naturwarenhandel erhältlich) wirken schonend konservierend.

Mosaike

Als Wandbild, Umrahmung oder flächenübergreifend

Kachelbruch, Scherben, Steine und Halbedelsteine – eigentlich alle Materialien, die eine feste Konsistenz aufweisen – können zu einem Mosaik verarbeitet werden. Voraussetzung ist ein gut gesäuberter, ebenmäßiger Untergrund, auf dem die Teilchen verklebt werden. Ein Mosaik muss sich keineswegs über die gesamte Wand erstrecken, sondern kann als Wandbild, als Umrahmung oder als flächenübergreifende Konstruktion zwischen Wand und Decke eine wunderbare Wirkung entfalten.

Die Verklebung

Zur Verklebung empfiehlt sich ein einfacher Kaseinleim, den man preiswert herstellen kann, der einem bis zu seiner Trocknung genügend Zeit zur Verarbeitung lässt und somit Korrekturen des Musters erlaubt und schließlich äußerst gut haftet. Die einzelnen Mosaiksteinchen werden mit dem Leim bestrichen und fest auf die Wand gedrückt. Den Kaseinleim bewahrt man in einem verschließbaren Glas auf. Es sollten nur kleine Mengen angerührt werden, z.B. 250 – 500 g, die dann auch tatsächlich an einem bis zwei Tagen verklebt werden.

Kaseinleim herstellen

250 g Magerquark und 15 g Borax in eine Küchenmaschine oder einen Mixbehälter geben und sorgfältig verrühren. Fünf Minuten aufquellen lassen und abermals durchrühren. Anschließend in ein Weckglas oder dickes Marmeladenglas füllen und verschließen.

Die einzelnen Arbeitsschritte

1. Zeichnen Sie zunächst das gewünschte Bild auf die Wand, oder entscheiden Sie sich für eine freie Gestaltung. Wer nicht gut zeichnen kann, hilft sich mit einem Diaprojektor. Das gewünschte Bild wird auf die nackte Wand projiziert, und die groben Umrisse und markanten Details werden mit Kreide oder einem Tischlerbleistift auf die Wand gezeichnet.
2. Besorgen Sie sich einen Augenschutz, z.B. eine alte Sonnen- oder Taucherbrille.
3. Legen Sie ein dickes Küchenbrett (oder ein anderes sauberes Brett) auf eine schalldämpfende Unterlage, z.B. einen Teppich oder eine Teppichfliese.
4. Zerschlagen Sie den Kachelbruch mit einem Hammer.
5. Der Kachelbruch wird farblich sortiert in verschiedene Teller oder Behälter gegeben.
   Spiegelbruch oder zerbrochene schöne Tassen und Flaschen erfrischen möglicherweise ein Mosaik. Auch Halbedelsteine oder «kleine Geheimnisse» können eingearbeitet werden. Der Fantasie sind kaum Grenzen gesetzt. Alle weichen und jungen Materialien, z.B. Holz, Samen oder getrocknete Naturmaterialien, gehören nicht in ein Mosaik, sondern als Strukturelement bestenfalls an eine offene Wandfläche, da sie möglicherweise unter dem Einfluss von Wärme und Feuchtigkeit «arbeiten» und sich von der Wand lösen.
   Vorsicht mit Glas, z.B. von Spiegeln oder farbschönen Flaschen! An den Glassplittern kann man sich unangenehm schneiden. Kinder fernhalten! Nach dem Zerschlagen von Glasbruch wird

Rechts: Mit Hammer und Keil wird der Kachelbruch vorsichtig zerschlagen. Ein Augenschutz ist notwendig.

Unten: Werkzeuge und Materialien für eine Mosaikgestaltung.

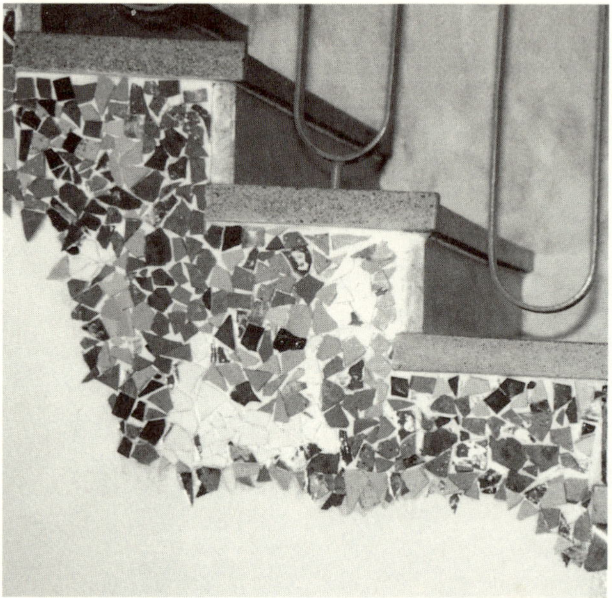

Die Steinchen und Scherben werden einzeln aufgeklebt.

direkt die Arbeitsfläche sorgfältig abgesaugt, um Verletzungen vorzubeugen.

6. Die Steinchen und Scherben werden einzeln mit Leim bestrichen und auf die aufgezeichneten Flächen geklebt bzw. frei zu einem schönen Muster zusammengefügt – eine Arbeit wie ein Puzzle. Achtung: Lassen Sie keine großen Zwischenräume! Achten Sie auf Gleichmäßigkeit! Große Lücken wirken immer unschön.

7. Das fertige Mosaik gut trocknen lassen.

8. Zum Schluss werden die Zwischenräume sauber verfugt. Hier entscheidet das verwendete Material über Methode und Arbeitsaufwand des Verfugens. Wer dünne und dicke Kacheln, Spiegel, Metall und Scherben verklebt hat, wird sicherlich ein wunderschönes, lebendiges Mosaik gestaltet haben, die Verfugung ist damit jedoch recht schwierig.

Bei einer ebenmäßigen Fläche wird die Fugenmasse (z.B. von Auro) mittels einer «Gummilippe» gleichmäßig über das Mosaik gezogen, sodass sich alle Zwischenräume füllen. Nach einigen Minuten waschen wir mit einem feuchten Schwamm vorsichtig die Fugenmasse ein, ohne dabei zu viel aus den Zwischenräumen auszuheben. Jetzt lässt man die Masse gut antrocknen und säubert das Mosaik erst, nachdem die Fugenmasse völlig getrocknet ist, mit einem ökologischen Universalreiniger.

Ornamente und Muster malen

Schablonen und Druckwerkzeuge zur Wandbemalung

Eine bereits vorhandene, gestrichene Tapete, eine Raufasertapete oder die nackte Wand kann mit Farben und verschiedenen Maltechniken gestaltet werden. Neben der beschriebenen Lasurtechnik ist das Bemalen der Tapete oder der Wand mit Ornamenten und Mustern eine reizvolle Möglichkeit der Wandgestaltung. Da das Aufzeichnen vielfach zu aufwendig ist, bieten Schablonen oder Druckwerkzeuge eine Hilfe, um wiederkehrende Formen sauber und gleichmäßig auf die Wand zu bringen.

Drucken

Zum Drucken kann man Stempel, z.B. Holzstempel aus Indien, verwenden, die man häufig auf Flohmärkten, in Geschäften mit indischen Kleidungsstücken und Accessoires oder über den Dritte-Welt-Handel angeboten bekommt. Man kann für kleine Flächen aber auch den bekannten Kartoffeldruck anwenden: Aus einer halbierten Kartoffel (es eignen sich auch Korken) wird die gewünschte Form ausgeschnitten und, mit Temperafarbe bestrichen, als Stempel verwendet. Stempeln ist allerdings sehr aufwendig und nicht sehr gleichmäßig in der Farb- und Motivwiedergabe.

Schablonen erlauben dagegen ein sauberes und gleichmäßigeres Arbeiten. Man kann sie inzwischen häufig kaufen, sie lassen sich

Malfarbe herstellen

250 g Magerquark. 10 g Borax, in einer kleinen Tasse im heißen Wasser gelöst und unter den Quark gehoben. Eine halbe Stunde ruhen lassen. Pigmente (aus dem Naturwarenhandel oder von gesammelten Erdfarben, zerschlagenen und zerstoßenen Backsteinen) mit etwas Wasser zu einer Paste verrühren und unter die Quark-Borax-Mischung geben. Leinöl tröpfchenweise (!) hinzurühren und die Masse gut beobachten. Die Farbe ist dann fertig, wenn sie eine cremige Konsistenz aufweist. Eine Küchenmaschine ist eine gute Hilfe, denn die Masse sollte sehr gut verrührt werden. Bei größeren Mengen hilft eine Bohrmaschine mit einem Quirl (Baumarkt).

Mit verschiedenen Maltechniken lassen sich bei der Wandgestaltung reizvolle Effekte erzielen.

aber auch leicht aus einem dünnen, festen Pappbogen ausschneiden oder ausstanzen; die gewünschte Form wird mit einem Skalpell ausgeschnitten.

Pappe ist nur von begrenzter Haltbarkeit und deswegen auch nur für wenige Anwendungen geeignet. Eine gewisse Stabilität erreicht man durch das Lackieren der Pappschablone, z.B. mit Schellack. Es eignen sich aber auch andere Folien als Schablonen, z.B. der Kunststoffrücken einer alten Heftmappe. Mit glatten, dünnen Kunststoffschablonen lassen sich feinere Muster gestalten.

Schablonen für großflächige Gestaltungen kann man kaufen oder für die einmalige Verwendung ausleihen, z.B. bei der Firma «Kreidezeit» (s. Anhang, S. 187).

Die alte Technik der Schablonenmalerei hängt vor allem von der richtigen Konsistenz der Temperafarbe ab. Zu dicke Farbe, z.B. Kaseinfarbe vom Wandanstrich, wird mit etwas Wasser vorsichtig verdünnt. Auf keinen Fall darf die Farbe hinter die Schablone laufen! Sollte die Farbe zu dünnflüssig sein, kann etwas Tapetenleimpulver (Methylzellulose) hilfreich sein. Auf Sauberkeit und eine ruhige Hand muss beim Schablonieren geachtet werden.

Schablonenmalerei

Große Motive kann man mithilfe einer selbst hergestellten Druckform, ähnlich dem traditionellen Siebdruckverfahren, auf die Wand tupfen: Auf einen dünnen Holzrahmen wird ein Fliegengitter gespannt und rundum gut festgetackert (einfach mit einem Elektrotacker oder Heftzwecken, die sauber eingeschlagen werden). Eine Schablone, z.B. aus Moosgummi ausgeschnitten, wird auf den gespannten Fliegendraht geklebt. Der fertige Druck-

Schablonieren

Die Schablone wird an der gewünschten Stelle auf die Wand gedrückt, und die Ausschnitte werden vorsichtig mit einem kleinen runden Borstenpinsel, auch Rund-, Schablonen- oder «Kinder»-pinsel genannt, ausgetupft. Zum Schluss wird die Schablone von Farbresten gereinigt.

rahmen wird auf die Wand gedrückt. Mit einem Rundpinsel durch das Fliegendrahtgitter die Wandfläche betupfen. Man kann die Kaseinfarbe auch mit Wasser verdünnen und dann mit einer Spritzpistole (für Dispersionsfarben geeignet) oder einer einfachen «Blumenspritze» auf die Wand sprühen.

Jeder auserlesene Mensch trachtet instinktiv nach seiner Burg und Heimlichkeit, wo er von der Menge, den vielen, den allermeisten erlöst ist, wo er die Regel «Mensch» vergessen darf als deren Ausnahme.

F. Nietzsche, Jenseits von Gut und Böse, Der freie Geist 26.

Textiles Wohnen: Stoffe und Gewebe in der Wohnraumgestaltung

Nackt kommt der Mensch zur Welt, doch das Bedürfnis nach Schutz vor Kälte und Wärme, vor Winden und Nässe machte ihn erfinderisch. Häute und das Haar von Tieren wurden nicht nur für die Bekleidung, sondern auch für die Gestaltung von Höhlen, den Bau von Zelten, die Herstellung von Geweben und Nachtlagern verwendet. Bald schon wurden auch pflanzliche Fasern gefunden, später angebaut; sie dienten sowohl der Bekleidung als auch der Wohnraumgestaltung.

Teppiche, Gardinen und Haushaltstextilien kommen heutzutage in allen Kulturen vor. Prestige und persönliches Geschmacksempfinden ergänzen die Schutzfunktion der textilen Gestaltung; aus ehemals notwendigen Gebrauchsgegenständen werden zunehmend Accessoires. Dabei können wir heute – entsprechend unserer Vorliebe und dem Bedarf – zwischen einer Vielzahl von Stoffen und Materialien wählen, die überdies alle in ökologisch hochwertiger Qualität angeboten werden.

Ein Blick in die neuere Geschichte

Die Gestaltung des Wohnraums vollzieht sich fließend mit dem Wandel des Zeitgefühls. Die Freikörperkultur und die Wandervogelbewegung brachten seit dem späten 19. Jahrhundert nicht nur Luft und Licht an den menschlichen Körper, sondern sie ließen erstmalig seit der Fensterglasherstellung, wenn auch nur äußerst vereinzelt, Licht in Räume.

Vom Biedermeierzimmer zum Bauhausstil

Die schweren Vorhänge, die fülligen, dunklen, wallenden Gardinen wurden aber erst Jahrzehnte später von der Mehrheit der Bevölkerung gegen luftige Gewebe ausgetauscht. Zunächst einmal siegten in der zweiten Hälfte des 19. Jahrhunderts die überspitzten Anstands- und Moralbegriffe. Dichte Vorhänge werden erstmalig in der Historie eine Forderung des Anstands, so wie auch die Kleidung gezwungen erscheint, hochgeschlossen und streng. Auf Biedermeier-Gemälden kann man noch junge Mädchen und Frauen betrachten, die ihre häusliche Tätigkeit vor dem offenen Fenster verrichten. Das ist jetzt nicht mehr möglich. Einem Menschen von Anstand ist es im späten 19. Jahrhundert aus Schicklichkeitsgründen nicht einmal erlaubt, ohne Rock, nur in Hemdsärmeln, ans Fenster zu treten! Kein Wunder, dass die aufkeimenden ersten «Subkulturen», die Wandervogelbewegung und die Freikörperkultur, nach mehr Licht und Luft verlangten.

Erst nach dem Ersten Weltkrieg erscheint die Wohnraumgestaltung jedoch weniger zwanghaft und heiter. Mit Ende des Zweiten Weltkriegs ist man schließlich froh, überhaupt, nach all den Entbehrungen des Krieges, wieder schöne Stoffe in frohen Farben erwerben zu können. Heiterkeit und Frohsinn sollen die Räume und damit die Gemüter erhellen.

Stilrichtungen, Modetrends, individueller Geschmack

Wir alle kennen die Wohnraumeinrichtungen der Nachkriegszeit, der sechziger Jahre, der siebziger, achtziger und neunziger Jahre. Wer sie vielleicht aus Altersgründen nicht in seiner Urform erlebte, kann sie heute wieder in den vielen Modeerscheinungen nachempfinden. Im 20. Jahrhundert erleben wir einen stetigen

Wechsel des Zeitgeschmacks, der sich jedoch nicht parallel, sondern bunt gestreut, durch alle Bevölkerungsgruppen vollzieht. Historische Dekorationen finden ebenso ihre Anhänger und Freunde wie luftige leichte Wohnungseinrichtungen, bis hin zur vom «Bauhaus» inspirierten kargen Gestaltung, die rein auf die Zweckmäßigkeit ausgerichtete Wohnraumgestaltung. «Fort mit dem Plunder» lautete die Forderung, die Walter Gropius in seiner 1919 gegründeten Kunstschule forderte.

Es gibt zurzeit keinen verbindlichen Stil der Wohnraumgestaltung. Erlaubt ist, was gefällt. Was gefällt, muss aber nicht immer auch das Beste sein. Mehr Schein als Sein? – diese Frage stellt man sich, wenn aus Dekorationszwecken Stoffe und Fasern gewählt werden, die leicht entflammbar und/oder mit hochgiftigen Chemikalien behandelt sind. Die Raumluft reichert sich mit diesen Chemika-

«Paar am Fenster». Biedermeiergemälde von Georg Friedrich Kersting (1817).

Hochwertige Textilien sind ein wesentliches Element der Wohnraumgestaltung.

lien an, von den produktionsbedingten Chemieabfällen einmal ganz abgesehen …

Immer mehr Menschen wählen Naturfasern und wollen damit ihrer nächsten Umgebung ein natürliches Flair ohne Risiken verleihen, vielleicht sogar mit dem Kauf den ökosozialen Landbau unterstützen. Die Wahl eines Baumwollstoffs oder eines Wollteppichs allein garantiert aber noch nicht die Abwesenheit von Chemikalien. Gerade Heimtextilien werden mit den verschiedensten Stoffen ausgerüstet, z.B. gegen Mottenfraß und zum Feuerschutz. Weitere Probleme, die man nicht am eigenen Leibe erfährt und deswegen häufig nicht zur Sprache kommen, sind Kinderarbeit sowie die menschenunwürdigen Arbeitsbedingungen in Anbauländern. Nur Billigstlöhne in den Produktionsländern ermöglichen die Dumpingpreise im Textil- und Ledersektor. Doch gegen den breiten Strom schwimmen auch in der Textilbranche immer mehr Hersteller, Händler, Verbände und Vereine.

Leinen: «gewebtes Mondlicht»

Makelloses weißes Leinen war im alten Ägypten das Symbol göttlicher Reinheit. Die Ägypter bezeichneten es vor mehr als viertausend Jahren als «gewebtes Mondlicht». Den ältesten Fund der Textilien aus der blau oder weiß blühenden Pflanze machte man in Dänemark; er wird auf 3.000 Jahre vor unserer heutigen Zeitrechnung datiert.

Blühende Flachspflanze (Linum usitatissimum)

Das Besondere am Leinen: Es ist eine heimische Faser. Der Flachs ist ein wichtiger Teil unserer Kultur, und die Leinenweberei war in früheren Zeiten eine nicht wegzudenkende Winterarbeit in jeder Bauernfamilie. Noch unsere Großeltern berichten von Flachsfeldern hinterm Haus, die der Gewinnung von wichtigen Haushaltstextilien dienten.

Der «überaus nützliche Lein»

Der lateinische Name lautet treffend «Linum usitatissimum» («der überaus nützliche Lein»), denn Leinen ist ein wirklich vielseitiges und dankbares Gewebe, das nur aufgrund der massenhaften Baumwollproduktion und der Chemiefasern ins Abseits gedrängt wurde.

Gesundheits- und Qualitätsbewusstsein und die Freude an den traditionellen, heimischen Landwirtschaften haben die blauen Leinfelder wieder zum Blühen gebracht. Leinen ist von Natur aus antistatisch, zieht also keinen Staub an, und die Stoffe lassen sich problemlos waschen und heiß bügeln. Darüber hinaus ist Leinen nur schwer entflammbar. Das überzeugendste Argument und sicher auch ein wesentlicher Grund für das gewaltige «Comeback» ist die große Eleganz, der typische Leinenschimmer und seine gewinnende natürliche Anmut.

Anbau und Ernte

Flachs – es gibt etwa einhundert Sorten – wird in den gemäßigten Zonen angebaut, am liebsten in Küstennähe auf «garen» Böden. Auch die Schwäbische Alb gehört zu den traditionellen Flachsanbauregionen in Deutschland, da der Boden karg und stickstoffarm und die Nächte kühl und feucht sind. Man unterscheidet zwischen den ölreichen Sorten, aus deren Samen das wertvolle Leinöl gepresst wird, und dem dünnen, ein Meter hohen Faserflachs, der ebenfalls Leinsaat (allerdings als Beiprodukt) hervorbringt. Nur rund 25 Sorten Faserlein werden in Europa angebaut. Gerne findet Leinsaat als Futtermittel Verwendung, und minderwertige Partien werden als Grundstoffe für Farben und Lacke genutzt. Die «Scheben», die in der Flachspflanze enthaltenen Holzteilchen, werden zur Herstellung von Spanplatten, als Torfersatz in Blumenerde oder als Einstreualternative bei der Tierhaltung verwendet.

Der ökologische Flachsanbau bleibt ein Risiko für alle Beteiligten. Die erfolgreiche Ernte ist, wie kaum eine andere Kultur, von wohlwollenden Wettergöttern abhängig.

- Der Flachssamen wird zwischen März und April gesät.
- In etwa einhundert Tagen gedeihen die dicht stehenden zarten Pflänzchen.
- Sie blühen im Juni nur wenige Stunden lang zartblau oder schneeweiß.
- Der reife Flachs wird Mitte Juni etwa meterhoch und schlank mitsamt der Wurzel aus der Erde gezogen, man sagt «gerauft».

Heute verrichten Maschinen die schwere Arbeit. Die «Holstein Flachs GmbH» in Schleswig-Holstein (Mielsdorf) ist eine der wenigen Firmen, die noch die entsprechenden Maschinen wartet. So konzentriert sich der heutige Ökoflachsanbau vornehmlich auf Schleswig-Holstein und Mecklenburg-Vorpommern. Ökologischer Flachs kommt jedoch auch von der Schwäbischen Alb, aus Nordrhein-Westfalen und Niedersachsen, und einige konventionelle Anbauflächen liegen in Brandenburg und Sachsen.

Die umweltfreundlichste Methode ist die Tauröste (die Nährstoffe bleiben auf dem Acker), wobei der Flachs unter ständiger

Beobachtung und mehrfachem Wenden mit Spezialmaschinen auf dem Feld ausgebreitet wird. Jetzt braucht man viele sonnige Tage, doch darf es auch nicht niederschlagsarm sein. Die für die Röste notwendigen Bakterien und Pilze, die den hölzernen Innenteil des Stengels von der Faser trennen, gedeihen im feuchtwarmen Milieu. Regnet es zu viel, verderben die Flachsstengel, und die Ernte ist verloren.

Die Röste

Ein Bauer, der sich an den Flachsanbau wagt, geht ein unkalkulierbares Risiko ein. Verkauft wird nur der Flachs, der auch wirklich in der Scheune liegt. Fertige Leinenkollektionen werden ohne großen Werbeaufwand angeboten. So wie im Baumwollgeschäft, wo ganze Kollektionen noch vor der Ernte versteigert werden, kann es aufgrund des enormen Verlustrisikos im Flachsgeschäft nicht zugehen.

Ökoanbau und Weltmarkt

Weltweit werden etwa 1,5 Mio. Hektar Anbaufläche mit Flachs bestellt, 80 % davon liegen in der ehemaligen Sowjetunion – allerdings mit abnehmender Tendenz. Im Osten wird der meiste Flachs angebaut; Westeuropa erzielt jedoch den höchsten Faserertrag pro Hektar. Innerhalb Westeuropas wird der meiste Flachs in Frankreich produziert, gefolgt von Belgien, den Niederlanden und schließlich der Bundesrepublik Deutschland. Den besten Flachs produziert Frankreich; den billigsten die Ostblockländer. Das war nicht immer so; früher kamen die besten Saaten aus der Gegend von Reval und Riga.

Ökologische Flachs- und Leinenprojekte gibt es vor allem in Deutschland und in Holland. Von den 500 Hektar Flachs, die auf dem Flevopolder angebaut werden, sind 200 Hektar kontrolliert biologisch! Wachsende Begeisterung für Leinentextilien sorgt dafür, dass neue Flächen erschlossen werden.

Pflege

Leinen kann bei 95 °C in der Waschmaschine gewaschen werden. Schleudern sollte man das Gewebe allerdings nicht; auch der Trockner kann möglicherweise zum Problem werden. Einem Küchenhandtuch ist die ruppige Behandlung der modernen Waschkultur allerdings egal, es wird hygienisch sauber und anschließend glatt gebügelt. Das solide Leinenhemd wird jedoch besser im

Ein Besuch in einem Textilmuseum?

Vielleicht interessiert Sie das Leinen, und Sie wollen mehr darüber erfahren. Dann besuchen Sie doch einmal ein Flachsmuseum in Holland oder Belgien, ein Freilichtmuseum in Schleswig-Holstein oder das Deutsche Textilmuseum in Krefeld-Linn. Ein Besuch lohnt sich ebenso, wie es sich immer lohnt, «gewebtes Mondlicht» einzufangen und Textilien aus gesundem Leinen in Haus und Haushalt aufzunehmen oder auf der Haut zu tragen.

feuchten Zustand auf einem Kleiderbügel in Form gebracht und anschließend vorsichtig von links gebügelt.

Die Pflege von Textilien aus Leinen richtet sich vor allem nach der Art der Verarbeitung. Beachten Sie die genauen Pflegehinweise, die den Stoffen beigefügt sind. Bei Mischgeweben richtet sich die Pflege nach den Ansprüchen der empfindlicheren Faser.

Die bekannte Bleiche von hellen Leinenstoffen, z.B. Vorhängen, Handtüchern, Tischdecken u.a., kann durch einen Bleichbaustein des ökologischen Waschmittelbaukastens geschehen. In der hellen Jahreszeit setzt man die Stoffe einfach der prallen Sonneneinstrahlung aus.

Seide – ein Stoff zum Träumen

Ganz genau ist nicht bekannt, wann und wie die Seidenraupenzucht ihren Anfang nahm. Es spinnen sich vielmehr eine Reihe von Sagen um die Geschichte der Seide. Aus einer geht hervor, dass die Kaiserin Si Ling Chi etwa 3.000 Jahre v.Chr. beobachtete, wie sich eine Raupe in einen glänzenden Faden einhüllt. Sie ließ ihre

Hofdamen mehrere Kokons aufsammeln, und bald fanden sie heraus, wie man den Faden abhaspelt und daraus hauchdünne, feine Gewebe herstellen kann.

Die Geschichte der Seidenraupenzucht

Das Geheimnis der Seidenraupenzucht wurde jahrtausendelang von den Chinesen streng gehütet. Die Ausfuhr der Raupen oder Eier war unter Androhung hoher Strafen verboten. Etwa 200 v.Chr. wurde Seide dann zu einer begehrten Handelsware. Sie gelangte über die berühmte Seidenstraße von China (dem Reich der Serer) über Innerasien, Bagdad und Syrien in die Länder des klassischen Altertums. Eine Karawane brauchte für die Reise auf der 10.000 km langen Strecke sechs bis acht Jahre. Weiterhin wurde die Seide nach Indien und Kaschmir gebracht, von wo aus sie nach Europa kam. Im Römischen Reich wurde Seide mit Gold aufgewogen und machte so manchen Chinesen zu einem reichen Mann. Doch auch der orientalische Zwischenhandel konnte sich nicht über schlechte Geschäfte beklagen. Es versteht sich von selbst, dass zu jenen Zeiten das Tragen seidener Gewänder den Herrschenden und Reichen vorbehalten blieb.

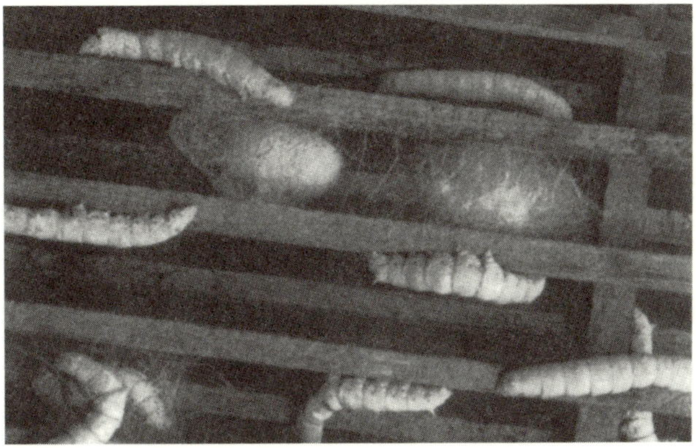

Seidenraupen und Seidenkokons.

552 n.Chr. sollen Mönche Eier der Seidenraupe und Samen des Maulbeerbaumes in ihren hohlen Pilgerstöcken nach Byzanz geschmuggelt haben. Von nun an breitete sich die Seidenraupenzucht im Mittelmeerraum aus. Etwa tausend Jahre später wurde in Zypern eine blühende Seidenkultur aufgebaut, die bis ins 19. Jahrhundert hinein bestand. Unter der Herrschaft Venedigs soll der Wert von gesponnener Seide bei 3.000 Dukaten gelegen haben. Die später regierenden Osmanen hegten und pflegten die Seidenraupenzucht, sodass die jährliche Produktion von Seide im Jahr 1744 bei etwa 40 bis 50 Tonnen pro Jahr gelegen haben soll.

Im 17. und 18. Jahrhundert wurde auch in Deutschland, hauptsächlich in Bayern und der Pfalz, Seidenraupenzucht betrieben. Doch war im Zeitalter der Industrialisierung die Seidenerzeugung allmählich unrentabel. Die mit viel Handarbeit verbundene Seidengewinnung wurde in den asiatischen Raum zurückverlegt. Die Seidenverarbeitung blieb jedoch den Industrieländern vorbehalten. Hier gab es die entsprechenden Maschinen, und das Weberhandwerk blühte.

Während des Zweiten Weltkriegs lebte die Seidenraupenzucht in Europa noch einmal kurz auf: Für militärische Zwecke wurden Fallschirmseide und Fliegerbekleidung gebraucht. Während man auf Zypern 1946 noch 153.172 Maulbeerbäume registrierte (11 % im türkischen Lapta), ist die zyprische Seidenindustrie als Wirtschaftsfaktor heute nahezu bedeutungslos. Züchter in China und vor allem in Japan konnten seit den 20er Jahren die Seidenproduktion zu unschlagbar günstigen Preisen anbieten. Die bislang hoch geschätzten Qualitäten aus Zypern (ehemals Byzanz), der Türkei (Degirmenlik, ehemals zu Zypern gehörend) und Europa wurden plötzlich zu niedrigsten Preisen im asiatischen Raum gefertigt. Und auf den rapide zusammenwachsenden Weltmärkten spielen auch weiteste Transportwege keine Rolle mehr. Die massive Ausweitung der Zucht-, Spinn- und Webkapazitäten in den asiatischen Ländern brachte die Seidenraupe nach etwa 2.500 Jahren an ihren Ursprungsort zurück.

Die Seidenspinner

Einen seidenen Faden können nicht nur Schmetterlingsraupen, sondern auch Spinnen, Muscheln, spinnende Ameisen und Tausendfüßler herstellen. Fäden aus dem Kokon der Kreuzspinne wurden zur Fertigung von Fadenkreuzen in technischen Instrumenten gebraucht. Aber das ist eine seltene Ausnahme. In der kommerziellen Seidengewinnung spielen hauptsächlich zwei Schmetterlingsarten eine Rolle: die Maulbeerspinner und die Wildseidenspinner.

Der Maulbeerspinner

Bombyx mori L., der Maulbeerspinner, ist ein unscheinbarer grau-beiger Nachtfalter, der eine Spannbreite von 4 bis 5 cm erreicht. Der ausgewachsene Falter legt zweihundert bis achthundert

Eier. Seidenraupenzüchter bewahren diese Eier während des Winters in kühler Umgebung auf. Sobald die Zeit reif ist, werden die Eier etwa zehn Tage lang erwärmt, bis die schwarz behaarten, zwei bis drei Millimeter großen Raupen schlüpfen. Die Raupen leben 28 bis 38 Tage und häuten sich in dieser Zeit viermal und sind schließlich etwa so dick und lang wie der Zeigefinger eines Erwachsenen. Sie ernähren sich ausschließlich und mit großem Appetit von den Blättern des weißen Maulbeerstrauches und nehmen etwa 48 Mahlzeiten am Tag ein!

Ist ihre Fresslust gestillt, setzt der Züchter sie in den «Spinnwald» oder die «Spinnhütte». Hier spinnt die Raupe einen Kokon aus einem besonders feinen, weißen, gleichmäßigen und vor allem ununterbrochenen Faden von etwa drei Kilometer Länge. Dieser Faden ist der feinste und zugleich reißfesteste natürliche Faden, den die Welt bis heute kennt. Haspelseide, Schappenseide und Bouretteseide stammen vom Maulbeerspinner.

Die Wildseidenspinner

Saturniden, die Wildseidenspinner, ernähren sich hauptsächlich von Laubbaumblättern, aber auch von Fliedern, Ligustern und anderen Sträuchern. Die sehr imposanten Schmetterlinge erreichen eine Flügelspannweite von bis zu 28 cm. Bis heute werden die Kokons der wild lebenden Saturniden gesammelt, aus denen die Schmetterlinge bereits ausgeschlüpft sind. Doch immer häufiger trifft die Bezeichnung Wildseide nicht mehr zu, da auch diese Raupen in Zuchtanlagen gehalten werden. Dabei ist nicht unbedingt gesagt, dass die Raupen dieser Zuchtsaturniden nicht getötet werden. Für ökologische Produkte werden allerdings bis heute nur vom Falter verlassene Kokons verwendet. Die Produkte sind entsprechend deutlich gekennzeichnet.

Die bekanntesten Wildseidenspinner sind die Tussah- und die Eichenspinner.

Der Atlasspinner

Der Atlasspinner ist die weltgrößte Schmetterlingsart. Aus den 8 x 3 cm großen Kokons wird die Fagara-Seide gewonnen, eine Rarität. Nach dem Waschen der Kokons wird diese Seide gezupft, versponnen und verwoben. Sie weist eine natürliche dunkle Färbung auf.

Vom Kokon zum Faden

Die Raupe spinnt sich ein, indem sie aus zwei Drüsen am Kopf ein Sekret ausscheidet, das an der Luft zu einem Faden erstarrt. Durch achterförmige Bewegungen des Kopfes legt die Raupe diesen Faden rund 28.000mal um sich herum! Vier bis fünf Tage und Nächte braucht sie für diese Arbeit. Anschließend vollzieht sich während zwanzig Tagen im engen Kokon die wunderbare Verwandlung von der Raupe zum Schmetterling.

Der Seidenfaden besteht aus zwei Einzelfäden (Fibroin), die mit dem Sericin (Seidenbast-Leim) verklebt und größtenteils umgeben sind. Der Querschnitt der Fibroinfäden ist elliptisch bis abgerundet dreieckig. Der seidige Glanz der Faser entsteht durch mehrere hauchdünne Schichten von Seidenprotein, die übereinander gelagert sind und ähnliche optische Eigenschaften besitzen wie z.B. Perlen. Das Fibroin macht 70 bis 80 % des Kokonfadens aus, der Rest ist Seidenbast (Sericin), ein Eiweißkörper mit gummiartigen Eigenschaften.

Ein möglichst langer, gleichmäßiger Faden ist das Ziel der Seidenraupenzucht. Er lässt sich allerdings nur dann abwickeln, wenn der Kokon unzerstört bleibt. Ist erst ein Falter geschlüpft, zerstört ein Loch die Endlosigkeit des Fadens – gleich einem Brandloch im Wollknäuel. Die meisten Falter werden vor dem Schlüpfen getötet. Zur Nachzucht wählt man einzelne Kokons aus, deren Puppen dann nicht getötet werden.

Damit die Puppe stirbt, wird der Kokon über Wasserdampf oder im heißen Wasser behandelt. Nun gilt es, den endlosen Faden der Kokons möglichst unbeschadet abzuhaspeln. Die Fäden weisen eine Länge von 3.500 Metern auf, von denen man ungefähr 1.200 Meter abhaspeln kann. Die durch Bürsten gelösten Endlosfäden werden zu einem Mehrfachgarn (multifiles Filamentgarn) zusammengeführt, bis die beabsichtigte Garnstärke erreicht ist.

Haspel- oder Grège-Seide

Die Seide, die aus einem nahezu endlosen Faden gewebt wird, nennt man Haspel- oder Grège-Seide. Etwa ein Drittel eines Kokons wird bei dieser Seide unbeschadet abgewickelt. Was aber geschieht mit dem Rest? Kurze Fadenreste, zerstörte oder nicht abhaspelbare Kokons werden im Schappe- oder Bourettespinn-

Wie entsteht Haspelseide?

- Die äußere Schicht des Kokons, die so genannte Seidenwatte, wird entfernt.
- Der Kokon wird im warmen Wasser eingelegt, um den Seidenbast (Seidenleim, Sericin) aufzuweichen.
- Mittels rotierender Bürsten wird das Fadengewebe gelockert und so der Fadenanfang ausfindig gemacht.
- Mehrere Kokonfäden werden zusammengeführt (sieben bis acht).
- Auf eine Haspel (Grège) werden die Fäden aufgespult. Die Kokons schwimmen währenddessen auf warmem Wasser.
- Ein wichtiger Moment ist das Anlegen neuer Fäden, wenn ein Kokon vollständig abgehaspelt ist, um auf der gewünschten Länge einen optisch «endlosen» Faden zu erzielen.

verfahren verarbeitet, teils vermischt mit anderen Fasern, z.B. Wolle oder Viskose. Schappe erkennt man an abstehenden Faserenden. Aus ihr werden neben Kleidungsstücken auch viele Dekostoffe gefertigt.

Aus der Not eine Tugend machen

Wildseidenspinner sind in der Regel geschlüpft, wenn der Kokon verwendet wird. Folglich kann man auch keinen endlosen Faden abhaspeln. Es gibt allerdings eine Ausnahme: den Faden von Tussahspinnerkokons. Vornehmlich in Indien wird diese vergleichsweise dicke, griffige, feste und pflegeleichtere Seide abgehaspelt. Die besondere Struktur, ihre Strapazierfähigkeit, der matte Glanz und die spontan fühlbare Hautverträglichkeit haben die Tussahseide so beliebt gemacht – die tierfreundliche Produktionsweise ist umso sympathischer!

Seide entbasten

Ein Kokon ist matt und nicht seidenglänzend. Der Seidenleim, das Sericin, gibt der Faser Schutz vor Witterung und Druck. Diesen Seidenbast gilt es zu entfernen, will man den gewünschten Glanz auf der Faser erhalten. Entbasten geschieht durch Baden in schwacher

Qualitäten und Entbastung

- völlig entbastete Seide: Cuit-Seide
- halb entbastete Seide: Souple-Seide
- kaum entbastete Seide: Ecru-Seide

Seifenlauge oder einer Sodalösung. In einer 2–3%igen Natronlauge wird die Seide bei einer Temperatur von 80 °C regelmäßig bewegt. Die Abfälle der Grègefabrikation aus der Schappespinnerei (Haspelseide) und die nicht abgehaspelten Kokons sowie Wildseiden werden grundsätzlich entbastet.

Eine seltene Methode ist das Rotten der nassen Seidenabfälle. Hier sorgen Enzyme für eine natürliche «Verrottung», die eine Entbastung bewirkt. Derartige Verfahren eignen sich allerdings nicht für hochwertige Seiden.

Das Erschweren der Seide

Beim Entbasten entsteht ein unerwünschter Gewichtsverlust, der durch das Erschweren der Seide behoben werden kann. Durch Salze, wie Zinnsalz, wird entbastete Seide auf das gewünschte Gewicht gebracht. Die Salze dringen ins Faserinnere ein und vergrößern so das Volumen. Erschwerte Seide wird glänzender und ist leichter einfärbbar. Der Nachteil ist allerdings, dass sie knittert und schnell brüchig wird.

Das Erschweren ist nicht für leichte, lockere, hauchdünne oder geschmeidige Seidenartikel geeignet. Es sind vor allem feste, steife Seidenstoffe, die durch das «Erschweren» eine Fülle und eine Griffigkeit erhalten. Kunstfasern verdrängten diese wunderbaren, hochwertigen, aber auch kostspieligen Fasern; sie spiegeln heute das «edle» Gesicht von Spitzen und hauchdünnem Gewebe …

Sandwashed und andere Modegags

Raue, urtümlich wirkende Seidenstoffe werden der Mode zuliebe mit Sand gewaschen (engl.: sandwashed), der die Oberfläche der Fasern schonend aufraut. Es handelt sich bei diesem Verfahren um eine Zerstörung der Fasern, was ihrer ureigenen, natürlichen Festigkeit nicht gerade zuträglich ist – ein Modegag, der einen besonderen optischen Charme verspricht und zugleich das

Flächengewicht um 20 % erhöht sowie die Seidenfaser blickdichter macht.

Pfirsichhaut erzielt man durch die Behandlung in speziellen Laugen, mit denen auch die Farben manipuliert werden.

Farbiger Glanz

Der Färbung jeder Naturfaser sollte besondere Aufmerksamkeit geschenkt werden. Oft sind es die chemischen Farben, die für die toxische Belastung der hochwertigen Faser sorgen. Dabei ist es problemlos, diese herrlichen Stoffe mit Pflanzenfarben einzufärben. Der unnachahmliche Glanz der Seide gewinnt insbesondere durch die Einfärbung mit natürlichen Farbpigmenten einen unvergleichlichen Charme.

Typisch Seide

Seide und Wolle ähneln in ihrem Aufbau der menschlichen Haut; der pH-Wert ist ähnlich. pH-Wert der Haut: 5 – 6; Wolle: 4,9; Seide 5. Anders als Wolle, die manche empfindliche Haut leicht irritiert, hat Seide eine sehr glatte Oberfläche und wird deshalb als sehr angenehm empfunden.

Seidengewebe – kurz skizziert

Die uralte Tradition der Seidenverarbeitung kennt eine Fülle von Stoffen und Geweben aus diesem kostbaren Fadengewirk. Herkunft, Herkunftsland, Qualität und Art der Verarbeitung stellen die großen Unterschiede im Groben dar. Das internationale Seidenzeichen (International Silk Association) und vor allem die Kennzeichnung «Reine Seide» gibt Aufschluss.

Aus Haspelseide hergestelltes Gewebe findet man unter der Bezeichnung Brokat, Chiffon, Mousseline, Crêpe de Chine, Damast, Douppion (aus Zwillingskokons), Organdy (mit ursprünglichem Sericingehalt), Ponge, Satin, Taft oder Twill.

Schappe- oder Bouretteseidengewebe wurden aus Wildseide gefertigt.

Aus abgehaspelter Wildseide gibt es Gewebe mit der Bezeichnung Tussah-, Eria-, Fagara- oder Nesterseide, Shantung und Honan (entsprechend den gleichnamigen chinesischen Provinzen).

Das Vermögen, Feuchtigkeit aufzunehmen, ist bei Wolle und Seide gleich, es liegt bei ca. 30 %. Allerdings kann Seide die Flüssigkeit schneller wieder abgeben. Seide ist temperaturausgleichend, sie kühlt im Sommer und wärmt im Winter. Dabei ist sie elastisch und besitzt die größte Reißfähigkeit aller Naturfasern. Sie ist grundsätzlich schmutzabweisend, doch schützt diese Eigenschaft leider nicht vor Flecken. Jeder Spritzer hinterlässt Flecken, selbst Wasser. Deswegen ist Seide, z.B. als Möbelbezug, äußerst gewagt. Wildseidene, grobe Gewebe stellen allerdings eine Alternative dar, wobei hier die lose Verwebung der dickeren Fäden ein Problem bei der Strapazierfähigkeit bedeuten kann, was bei Polsterbezügen unbedingt berücksichtigt werden sollte. Für Vorhänge und Gardinenstoffe, Kissen und textile Überzüge und -würfe ist Seide allerdings geradezu geeignet, vor allem wenn man bedenkt, dass Seide kein Feuer fängt – der unübertroffene Vorteil gegenüber Synthetikfasern, die entweder extrem leicht entflammen oder mit einer Chemiedusche feuerunempfindlich gemacht wurden!

Seide pflegen

Bei der Seidenpflege ist das Lüften besonders wichtig. Gerüche verflüchtigen sich aus dem Seidengewebe von selbst. Anders steht es um Flecken. Handwäsche, ein Schreckgespenst für die moderne Hausfrau? Wohl kaum, wenn man an die simple Behandlung von Seide im Handwaschbecken denkt. Ein Klarspülgang mit einem Obstessig gehört zum Repertoire. Nun wird das feuchte Textil vor dem Schleudergang aus der Waschmaschine genommen, oder vorsichtig von Hand ausgedrückt. Anschließend zieht und zupft man es in die rechte Form und legt es zum Trocknen auf einen flachen Ständer. Mancher Fachmann regt zum mutigen «Schleudergang» für Seidenfasern an. Ob ein textiles Schmuckstück eine grobe Behandlung verträgt, ist nicht zuletzt eine Frage des «Trainings» und selbstverständlich auch der Feinheit der Faser.

Fettflecken werden mit Backpulver bestreut. Nach zwanzig Minuten abklopfen. Waschbenzin kann empfindliche Farben verändern und Flecken hinterlassen.

Die chemische Reinigung wird zwar manchmal empfohlen, ist allerdings nur selten wirklich notwendig – dafür bleibt die Um-

> ***Seide von Hand waschen***
>
> Kurz einweichen im milden Wollwaschmittel (teils gibt es extra Seidenwaschmittel), anschließend das Textil vorsichtig ausdrücken, unter klarem Wasser spülen und – hier liegt der Kniff! – einen Schuss Essig ins letzte Spülbad geben. Die Farben erstarren prompt.

weltverträglichkeit der verwendeten Chemikalien der größte Kritikpunkt. Die Ausdünstungen der Chemikalien aus dem gereinigten Textil haben schon für viele kritische Presseberichte gesorgt, zumal viele Menschen, die regelmäßig mit den Chemikalien zu tun haben oder über einer chemischen Reinigung leben, schwer erkrankten.

Was Seidenstoffen schadet

Seide nie im Wäschetrockner trocknen! Seide auch nicht kräftig auswringen! Trockene, feuchte oder nasse Seide nicht in die pralle Sonne legen oder an einer Heizquelle trocknen lassen; die Faser der Seide vergilbt möglicherweise, und eine Vergilbung ist nicht reparierbar.

Seide sollte man vorsichtig ausdrücken und im Haus noch gut feucht aufhängen. Sie trocknet innerhalb von ein bis zwei Stunden. Vorhänge werden feucht aufgehängt.

Seidene Vorhänge hängt man nicht direkt vor die Scheiben. Ein zusätzlicher baumwollener Vorhang dient hier als Lichtschutz. Man kann die Seidenbahnen aufnähen oder lose vor dem Baumwollvorhang wallen lassen.

Am schnellsten verdirbt Seide, wenn sie mit unerfahrenen Händen in Chemikalien getaucht wird oder wenn sie überhaupt nicht bewegt und belebt wird! Wer Seidengewebe längere Zeiten lagert, kennt den Kampf: Das Gewebe altert merklich … Je öfter man ein seidenes Textil bewegt, desto frischer und jugendlicher gestaltet sich der Stoff. Die Alterung geschieht während der Lagerung. Seide will leben und bewegt werden. Im Schrank wird sie starr und brüchig.

Wunderbare Wolle

Vorhänge, Filzbodenbeläge oder schöne Teppiche – Wolle ist vielseitig nutzbar. Sie ist gut isolierend, kann zu strapazierbaren Belägen, weichen, wärmenden und zugleich sehr dekorativen Teppichen oder sehr anspruchsvollen und dekorativen Stoffen verarbeitet werden und ist kaum entflammbar. Dennoch wird sie nur allzu oft zugunsten anderer Naturmaterialien vermieden. Wolle hat den vermeintlich großen Nachteil, dass sich Motten und Hausstaubmilben in den gekräuselten Fasern sehr wohlfühlen.

Ein Wunderwerk der Natur

Vereinfacht dargestellt, besteht eine einzelne Wollfaser aus der Faserschicht, der Schuppenschicht und einer feinen Außenhaut. Die Faserschicht setzt sich aus vielen spindelförmigen Hornzellen zusammen, die für die Kräuselung der Wolle verantwortlich sind. Insgesamt sorgt die Faserschicht für Festigkeit und Elastizität. Außen befindet sich die Schuppenschicht, deren Schuppen dachziegelartig angeordnet sind. Sie dienen dem Schutz der Wollfaser und sind der Grund für das Filzvermögen der Wolle. Die feine Außenhaut, die äußerste Schicht, wirkt wie eine Membran, das heißt, Wasserdampf kann in großen Mengen von der Wolle aufgenommen und wieder abgegeben werden, Wassertropfen hingegen perlen an der Faseroberfläche ab. Aus dem Faseraufbau ergibt sich eine Fülle von positiven Eigenschaften für Wolltextilien. Wolle kann bis zu einem Drittel ihres Gewichtes an Feuchtigkeit in Form von Wasserdampf aufnehmen, ohne sich nass anzufühlen. Die Kräuselung der Wollfaser sorgt für ein großes Isoliervermögen. Im Gewebe oder Gestrick bilden sich viele kleine Hohlräume, die mit Luft ausgefüllt sind. Diese Lufteinschlüsse wirken isolierend, da Luft ein schlechter Wärmeleiter ist. Selbst ein stark gezwirntes Wollgarn besteht bis zu 60 % aus Luft! Wollene Vorhänge isolieren hervorragend und eignen sich für große Fensterfronten oder als Wärmepuffer für zugige Türen oder im Eingangsbereich.

Wollgarne enthalten immer eine bestimmte Feuchtigkeitsmenge.

Unter dem Mikroskop wird die schuppenartige Struktur der Wollfäden sichtbar.

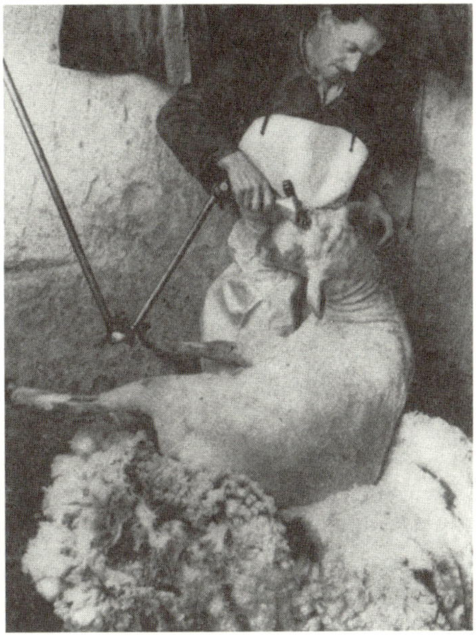

Die Schafschur: Wie ein Mantel fällt das Vlies als Ganzes ab.

Deshalb laden sich Wollbezüge und -beläge kaum elektrostatisch auf; so ergibt sich die schmutzabweisende Wirkung von Wolle – Staub und Schmutzpartikel werden nicht angezogen. Man muss Wolle also selten waschen. Lüften oder Aufhängen der Wollteppiche und -bezüge bei nebligem Wetter draußen genügt oft als Reinigung.

Wie reinigt man Wolle?

Waschbare Textilien aus Wolle, beispielsweise Vorhänge oder Kissenbezüge, werden im Wollwaschgang einer guten Waschmaschine mit einem speziellen Waschmittel für Wolle und Seide gereinigt. Nicht schleudern, nicht bügeln oder dämpfen, sondern nass auslegen! Nicht in den Trockner geben! Bei Bedarf mit einer Wollkur (Lanolin) im Spülgang nachfetten. Teppiche und Bodenbeläge aus Wolle werden nur bei wirklichem Bedarf mit einem Wollwaschmittel gereinigt und anschließend mit einer Lanolinkur oberflächenbehandelt. Nicht rückgefettete Teppiche sind schmutzempfindlicher.

Chemische Ausrüstungen

Ein schöner, möglichst handgeknüpfter Wollteppich gehört für viele Menschen zu einer gemütlichen Wohnraumgestaltung. Eine Auslegware aus echter Wolle ist nicht nur besonders gut klimatisierend, sie ist auch schalldämpfend und kann überdies in Computerräumen ausgelegt werden. Doch längst ist bekannt, dass weniger die Hausstaubmilbe als bestimmte Schadstoffe in chemisch ausgerüsteter Wolle den Teppich(-boden) zur Gefahr für die Gesundheit machen. Flammenschutzmittel, Lösemittel, Konservierungsstoffe und vor allem Pestizide sollen den Wollteppich schützen. Teppichböden aus Wolle, die das Wollsiegel oder das Signet der «Gemeinschaft umweltfreundlicher Teppichböden» (GuT) tragen, müssen mit dem Pyrethroid Permethrin (Produktbezeichnung «Eulan») imprägniert sein. Tatsächlich werden die gesundheitsgefährdenden Substanzen nicht an die Raumluft, sondern in den Haus- und Feinstaub abgegeben. Das Pestizid-Aktions-Netzwerk (PAN e.V.) warnt daher vor synthetisch behandelten, eulanisierten Teppichen. Insbesondere, wenn im Haushalt noch mit synthetischen Insektensprays gegen ungebetene Gäste (s. unten, S. 155 ff.) vorgegangen wird oder wenn mit Straßenschuhen Insektizide eingeschleppt werden (im ländlichen Raum), wird die Dosis beachtlich erhöht. Kleinkinder, die über Teppiche kriechen und auf den Bodenbelägen spielen, sind besonders gefährdet, da sie diese Gifte zusammen mit dem Hausstaub einatmen.

Regelmäßiges Staubsaugen ist eine Maßnahme, um den Staub und damit die Pestizide zu vermindern. Eine andere vorbeugende Möglichkeit ist, auf schadstoffgeprüfte Teppiche und solche, die nicht mit Mottenschutz ausgerüstet sind, auszuweichen. Die kleinen Tierchen bevorzugen im Übrigen Wollstoffe, die ruhig und unbewegt ruhen. Ein Vorhang, der häufig bewegt wird, ein Teppich, der regelmäßig betreten und zugleich regelmäßig gesaugt bzw. ausgeklopft wird, gehört nicht auf den «Speiseplan» der Mottenlarven.

Wollstoffe ohne chemische «Hochveredelung» von Schafen aus ökologischer Tierhaltung, mit unbedenklichen Farbstoffen gefärbt, werden von konsequent ökologisch orientierten Naturtextilherstellern angeboten.

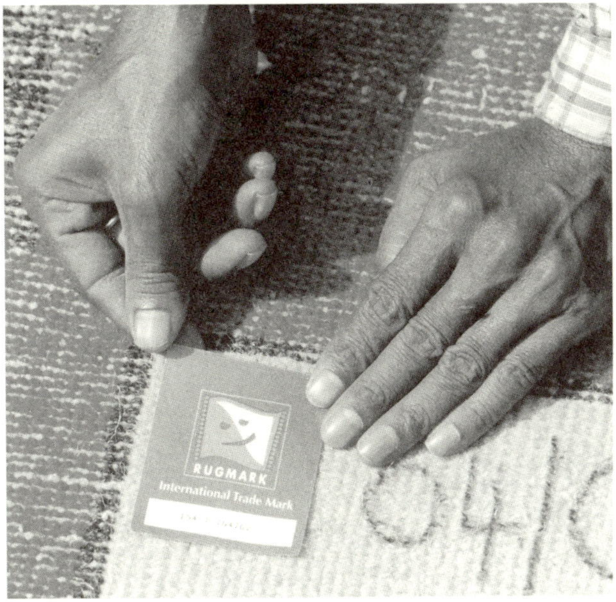

Das Rugmark-Zeichen garantiert eine Teppichproduktion ohne Kinderarbeit.

Kinderarbeit – ein trauriges Kapitel

Ein trauriges Kapitel der kapitalistisch orientierten Marktwirtschaft ist die Ausbeutung von Entwicklungsländern durch Industriestaaten. Kinder leiden am meisten unter wirtschaftlicher Armut. In vielen Ländern werden Kinder zur harten körperlichen Arbeit geschickt, um wenigstens das Überleben der Familie zu sichern. Kinder sind billiger als Erwachsene, bekommen weniger Lohn und werden deswegen auch von der Teppichindustrie bevorzugt als Lohnarbeiter eingesetzt. Das Rugmark-Zeichen garantiert die Verpflichtung von Knüpfbetrieben in Indien, Nepal und Pakistan, keine Kinder unter vierzehn Jahren zu beschäftigen. Anfang 1999 schloss sich Rugmark dem Verein «TransFair» an, um gemeinsam mit einem starken deutschen Partner erfolgreich gegen die Kinderarbeit vorzugehen. Ende Oktober 1999 waren 26.772 Knüpfstühle in Indien für Rugmark im Einsatz; seit 1995 wurden in Indien 58.000 Knüpfstühle ohne Voranmeldung von insgesamt 17 Inspektoren besucht. Allein in Deutschland besitzen 32 Importeure die Rugmark-Lizenz, darunter namhafte Firmen wie Karstadt, Teppich-Kibek, OTTO-Versand u.v.a. Die Hilfswerke Brot für die Welt, Misereor, Terre des hommes und Unicef betreuen und unterstützen eine Reihe von Projekten für ehemalige Kinderarbeiter, denen es ermöglicht werden soll, eine solide Schulbildung zu genießen.

Wolle und Häute

Vielleicht sollte man vor dem Kauf von wollenen Wohntextilien und Teppichen auch einmal über die Schafhaltung nachdenken. Die heimische Schafhaltung wandelt sich immer mehr in eine Intensivhaltung – soweit dies bei Schafen überhaupt möglich ist. Heimische Schafrassen sind immer häufiger vom Aussterben bedroht, derweil trifft man allerorten die gängigen Fleischrassen, wie z.B. das Schwarzkopfschaf. Es gibt sie aber noch in jeder Region, die Wanderschäfer, die mit ihren ursprünglichen Rassen eine wichtige Landschaftspflege betreiben. Die Wolle und häufig sogar die wertvollen Schaffelle werden allerdings in der Regel entsorgt – es gibt keine Abnehmer. Dabei lassen viele Schäfer die Häute sogar pflanzlich gerben, um Interesse bei den Käufern zu wecken und ein durch und durch umweltfreundliches und natürliches Produkt anbieten zu können. Ein Schaffell ist nicht nur in der Babypflege ein wichtiges Utensil, auch in der alternativen Altenpflege sind die pflanzengegerbten Felle unverzichtbar. Sie wärmen – auf dem Stuhl oder im Bett – und klimatisieren optimal. Last not least ist ein natürlich gegerbtes Schaffell aus einer optimalen Tierhaltung eine wunderschöne Bereicherung im Wohnraum, als Vorleger vor dem Kamin oder als hübsches Accessoire.

Baumwolle ohne Gift

Baumwolle – das ideale Gewebe

Baumwolle ist eine äußerst vielseitige Faser. Das geradezu ideale Gewebe kann man für Gardinen, Bettwäsche oder Stoffbezüge verwenden. Gewebt oder verstrickt – der Faden aus der flauschigen Samenfaser lässt sich in vielfacher Weise nutzen. Etwa die Hälfte der weltweit für die Produktion von Textilien verwendeten Fasern ist aus Baumwolle (48 %), gefolgt von Chemiefasern (42 %), und erst mit weitem Abstand folgen Zellulosefasern (5,8 %) und Wolle (4,2 %). Hauptanbaugebiete von Baumwolle sind die USA, China,

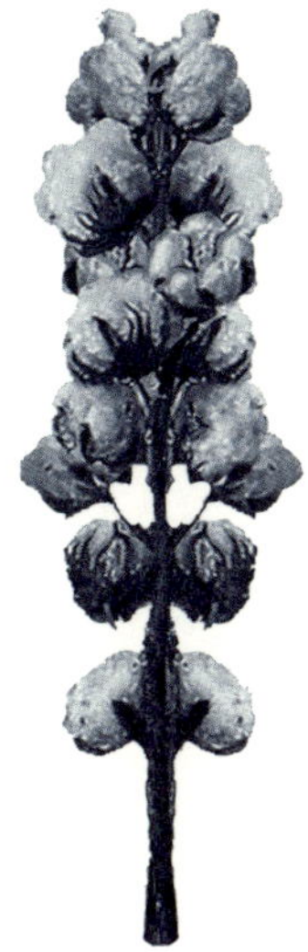

Indien, Pakistan und Usbekistan. Der Tschad und Benin bestreiten durch den Verkauf der Faser etwa 60 % ihrer Außenhandelsgeschäfte.

Baumwolle war immer auch ein heikles Thema. Obgleich sie natürlich und hautverträglich ist, sorgte eine menschenunwürdige Produktion unter großem Energie-, Flächen- und Wasserverbrauch und der massenhaften Verwendung hochgiftiger Schädlings- und Unkrautvernichtungsmittel (Pestizide) für Kritik und ein schlechtes Image. Einst rackerten sich Sklaven auf nordamerikanischen Baumwollfeldern zu Tode; heute wird immer noch unter unwürdigsten, menschlich und ökologisch untragbaren Bedingungen geschuftet, um die Baumwollpreise hierzulande niedrig halten zu können. Die weiche, kochfeste und saugfähige Faser wird schon auf dem Acker in härteste Pflanzengifte eingenebelt (bis zu 25 Spritzungen pro Saison), immerhin landen fast 20 % der weltweiten Pestizidproduktion auf den Baumwollfeldern. Gespritzt wird vor allem gegen eine Vielzahl von Schädlingen, die die riesigen Baumwollplantagen heimsuchen könnten, z.B. die weiße Fliege und Blattläuse, die den Rußtaupilz begünstigen, gegen Baumwollkapselwürmer (Schmetterlingslarven), Baumwollkapselkäfer und Wanzen, die Pflanzenteile ansaugen bzw. sich durch viele Samenkapseln bohren, nicht zuletzt auch gegen Heuschrecken, die Blätter der Baumwollpflanzen fressen und dadurch eine starke Ertragsminderung bewirken können.

Gifte beim Baumwollanbau

Während der Ernte entlaubt der Mensch dann gerne selbst die Pflanzen, um so einfacher die flauschigen Baumwollfasern ernten zu können. Entlaubungsmittel gehören mit zu den größten Umweltsünden überhaupt. Entlaubt wird z.B. mit dem von der Weltgesundheitsorganisation (WHO) als «mittel gefährlich» eingestuften Entlaubungsmittel Paraquat. Das Pestizid-Aktions-Netzwerk e.V. (PAN) fordert seit 1985 ein internationales Verbot dieses Mittels.

Schließlich gibt es noch die Herbizide, die die so genannten Unkräuter vernichten, weil diese als Nährstoffkonkurrent der Baumwollpflanzen betrachtet werden und zugleich manchen

Auch für die Wohnzimmergestaltung – etwa für Vorhänge – ist Baumwolle ein unentbehrliches Textil.

Schädlingen als Wirtspflanzen dienen. Die Bodenerosion ist bei dieser Form der Bewirtschaftung ein großes Problem.

Die vielfältigen Gifte bedrohen die Ökosysteme: Die Bodenerosion wird beschleunigt, die Bodenfruchtbarkeit stark eingeschränkt, und die insbesondere zur Bestäubung von Pflanzen notwendigen Insekten werden großflächig vernichtet. Auch die Gesundheit von Mensch und Tier wird rücksichtslos ignoriert (Langzeitschäden und akute Vergiftungen können die Folge sein). Eine vom Pestizid-Aktions-Netzwerk in Hamburg veröffentlichte Untersuchung zeigt am Beispiel Pakistans, dass auf etwa 25 % aller Farmen Pestizide eingesetzt werden. 90 % aller Pestizide werden im Baumwollanbau eingesetzt. Dabei machen die besonders toxischen Organophosphate 39 % vom Gesamtwert der eingesetzten Pestizide aus. Da die Pflückerinnen besonders lang und häufig während der Ernte auf den Feldern tätig sind, werden sie direkt mit den Giften in Kontakt gebracht. Die Flugzeuge versprühen die Gifte über den Köpfen der Arbeiterinnen. Bei einer medizinischen Kontrolle stellte sich heraus, dass nur etwa 1 % aller Baumwollpflückerinnen keine Vergiftungssymptome zeigten. Da es aber an ärztlicher Betreuung und dem notwendigen Geld für Medikamente fehlt, erhalten die betroffenen und erkrankten Menschen keine medizinische Versorgung.

Es geht auch ohne Pestizideinsatz!

Bereits 1985 verabschiedete die Ernährungs- und Landwirtschaftsorganisation (FAO) der Vereinten Nationen den so genannten Pestizid-Verhaltenskodex, der den Einsatz von Pestiziden in Entwicklungsländern eingrenzen sollte. Es wurden bereits vielfältige Maßnahmen zur Umsetzung dieses Ziels ergriffen, doch bleibt der große Einsatz vieler, teils hoch giftiger Substanzen weiter ein kritischer Punkt, insbesondere in der Baumwollproduktion. Vorrangig dienen diese Gifte der Prophylaxe und weniger der gezielten Behandlung eines Problems. Dabei beweisen kontrolliert ökologisch bewirtschaftete Baumwollfelder, dass es auch ohne Gifteinsatz keinen großen Schädlingsbefall gibt. Auf der anderen Seite werden immer häufiger Resistenzen der Schädlinge gegenüber den Pestiziden bemerkt.

Eine Baumwollfaser muss nach der Ernte gesponnen, verwebt oder verstrickt werden. Auch hier wird oft eine Vielzahl von Chemikalien eingesetzt. Im Zuge der Veredelung wird die Baumwolle in alle nur denkbaren, vielfach allergieauslösenden Farben, Bleichmittel und Ausrüstungschemikalien (z.B. knitterfrei, einlaufsicher, schmutzabweisend) getaucht. Nicht weniger als 8.000 Substanzen (ohne Farbstoffe) stehen dem Ausrüster zur Verfügung, und selbst wenn das Etikett auf eine reine Naturfaser schließen lässt, enthält so mancher Stoff bis zu 5 % Kunstharze.

Ökologischer Landbau als Alternative

Viele Unternehmen und Unternehmensberater haben sich in den letzten Jahren bei der Baumwollherstellung auf den expandierenden Ökomarkt begeben. Dadurch entstehen für das Baumwollprodukt allerdings Mehrkosten, z.B. durch Umstellung auf kontrolliert ökologische Erzeugung (20 – 100 % Mehrkosten) oder schlichtweg durch die Entwicklung von Marketingstrategien und Marktchancen. Denn obgleich im Prinzip jeder Verbraucher dem kontrolliert ökologischen Anbau zustimmt und gerade auch bei der Ausrüstung mit Bangen auf die Chemikalien schaut, sind viele in Anbetracht des höheren Preises skeptisch. Gerade bei Heimtextilien ist die Kaufentscheidung oft abhängig von den Einkommensverhältnissen. Ein preiswerterer «konventioneller» Stoff wird für Gardinen und Möbel als weniger bedenklich betrachtet, während man bei der Unterwäsche schon eher tiefer in den Geldbeutel greift.

Baumwolle in kontrolliert biologischer Qualität wird derzeit in dreizehn Ländern der Welt angebaut, u.a. in Ägypten (Sekem-

Farbig gewachsene Baumwolle

Farm), der Türkei und den USA. Die Amerikanerin Sally Fox fand auf ihrer Suche nach robusten, ursprünglichen Baumwollsorten die farbig gewachsene Baumwolle. Die Indianer sollen angeblich sechs Baumwoll-Farbtöne gekannt haben, und tatsächlich ist die Urform der Baumwolle, die weltweit in tropischen Gebieten gedeiht, nur selten rein weiß. Während Sally Fox die Baumwolle kontrolliert biologisch weiterzüchtet und in grüner und brauner Farbe auf den Markt bringt, kommt aus Turkmenistan (GUS-Staat) eine Ökobaumwolle im ganz großen Stil. Mittels Gentechnik wurde langstielige naturfarbige Baumwolle entwickelt, die in vielen verschiedenen Farbtönen angeboten werden kann. Chemische Mittel werden hierbei reduziert, aber nicht vollständig weggelassen. Die TAG Textil AG verspinnt diese Faser, die immer noch zweieinhalbmal teurer ist als die konventionelle Massenware. Der kontrolliert biologische Anbau nach EG VO 2092/91 bzw. IFOAM-Richtlinien schließt den Einsatz genetisch veränderter (genmanipulierter) Pflanzen kategorisch aus; «genetically modified organism» (GMO) zählen in keinem Fall zum ökologischen Landbau!

Farbig wird ein Baumwollstoff auch durch nachträgliches Einfärben. Hierzu dienen synthetische wie natürliche Farben gleichermaßen.

Leder

Gutes Leder oder Billigimporte?

Gutes Leder wird heute in Deutschland von kaum mehr als dreißig Gerbereien produziert. Es geht der Lederbranche schlechter denn je. Das liegt vor allem daran, dass im Ausland oft keinerlei Auflagen für den Umweltschutz existieren und dadurch Billigstproduktion ermöglicht wird. Vielen Betrieben ist die Umrüstung auf modernste Produktionsbedingungen zu kostspielig – man wandert eben lieber in Billiglohnländer ab.

Das traditionsreiche Gerberhandwerk (hier eine historische Darstellung der verschiedenen Arbeitsschritte) ist heute durch fragwürdige Billigimporte gefährdet.

Die Firma BASF, einer der größten Produzenten aller für die Ledergerbung wichtigen Chemikalien, verlegte Mitte der 90er Jahre ihre Produktion nach Hongkong – praktisch und preiswert; außerdem kommen sowieso bereits große Mengen an chrom- und pflanzengegerbtem Leder aus China. Dort schert sich eben kaum einer um das leidige Abwasserproblem. Aus Pakistan oder der Türkei gelangen Massen billigst produzierter Lederartikel in Shops und Geschäfte; wen kümmert schon die Produktion?

Hierzulande wird glücklicherweise auf den Umweltschutz geachtet. Denn in der Regel entnehmen die Gerbereien ihr Wasser aus nahe liegenden Flüssen oder Bächen. Wenn ungeklärte Abwässer in diese Gewässer eingeleitet werden, sind weitreichende Verseuchungen, bis hin ins Meer, die Folge. Der deutsche Gesetzgeber blickt deshalb mit Argusaugen auf die ordnungsgemäße Einhaltung aller Vorsichtsmaßnahmen.

Abwässer werden in hauseigenen Kläranlagen gereinigt. Jede unerlaubte Abweichung von der gesetzlich vorgeschriebenen Belastungsgrenze – und sei es nur das kleinste bisschen Chrom – hat folgenschwere Konsequenzen. Eine sinnvolle und wichtige Sache, denn was ist heute wichtiger als der Umweltschutz? Aber die meisten Verbraucher kaufen Billigleder, und hierzulande müssen die alten Handwerksbetriebe schließen.

Chromgerbung und Pflanzengerbung

Die Chromgerbung bleibt für manche Lederartikel die bestmögliche Variante. Gutes Handwerk meint vor allem auch den sorgfältigen Umgang mit Chemikalien. Nur dann geben fertig gegerbte und gefärbte Leder keine Rückstände ab.

Der Kunde will ebenmäßig gefärbte und fleckenfreie Lederwaren, ob als Couchgarnitur oder als Sakko. Damit steht die Pflanzengerbung mit den wesentlich lichtempfindlicheren und starreren Ledersorten hinten an. Es ist eine ursprüngliche Eleganz, die von einer robusten, lichtfleckigen rötlichen oder beigen pflanzengegerbten Lederhaut ausgeht. Aber in der Mehrzahl greift der Kunde eben zur hauchdünnen, durchgefärbten «Designerware» – und die ist zwangsläufig chromgegerbt.

Pflanzengegerbtes Leder – ideal für Schuhe, Sättel oder Sportgeräte

Sportgeräte, Schuhfutter, Portemonnaies, Sohlen, Geschirrleder für Pferdehalfter und Sättel oder Schuhsohlen werden seit jeher mit pflanzlichen Gerbstoffen hergestellt. Gerade das pflanzengegerbte Leder hat Eigenschaften, die konkurrenzlos sind. Die Schuster wissen um die enorme Fähigkeit von pflanzengegerbtem Leder, Feuchtigkeit und Schweiß aufzunehmen und ebenso schnell wieder abzugeben – eine geradezu ideale Eigenschaft für gutes Schuhwerk. Leder, das mit Mimosarinde, Esskastanien- oder Eichenholz oder den Blättern des Sumachstrauches in Form und Farbe gebracht wird, ist am strapazierfähigsten; es trotzt dem Schweiß und der Witterung.

Im Ausland gefertigte pflanzengegerbte Leder sind nicht unbedingt umweltfreundlich. Es bedarf eines großen Aufwandes, den Sauerstoffgehalt der Abwässer wieder einzustellen. So gesehen ist die Pflanzengerbung fischgiftiger als die Chromgerbung. Aber immerhin ist sie rückstandslos. Schwermetalle wie Chrom, die sich in der Umwelt und im Fettgewebe von Mensch und Tier anreichern, werden bei dieser uralten Gerbeform vermieden. Aber auch das Pflanzengerben ist mit vielen möglichen Umweltsünden verbunden. Während z.B. das haarlos gelieferte Leder in Deutschland mit Tensiden (Waschmittel) gereinigt wird, verwendet man in Pakistan Petroleum und lässt dieses ungehindert in die Flüsse fließen!

Eine neue Chance für Qualitätsleder?

Und die Haare der Tierhaut? Es bedarf besonders aggressiver Chemikalien, um diesen hornigen, fast unverwüstbaren Bewuchs zu entfernen. Hierzulande gibt es einige wenige große Gerbereien, die aufgrund einer besonderen Kläranlage auch schwierige Problemabwässer fachgerecht mit Rücksicht auf die Umwelt reinigen können. Aber in Indien, Pakistan oder der Türkei?

Solange in Deutschland verbotene Chemikalien ins Ausland exportiert werden, um dort billige Häute zu produzieren, geht mit der Zerstörung der Umwelt in diesen Ländern die Vernichtung von Arbeitsplätzen hierzulande einher. Früher war ein Kleidungsstück oder ein Sofa aus Leder eine Garantie für lange Haltbarkeit; die Qualität ließ man sich schon etwas kosten. Schuhe für ein «halbes Leben» sind auch heute wieder zu finden, und der gute alte Schuster, der Gerber, der Schneider, der Schreiner, der Polsterer – sie alle haben möglicherweise eine neue Chance, ihr Können unter Beweis zu stellen. Klasse statt Masse.

Der Schlaf ist die Nabelschnur, durch die das Individuum mit dem Weltall zusammenhängt.

F. Hebbel

Prinzessin auf der Erbse oder Wie man sich bettet, so schläft man

Der Mensch verbringt durchschnittlich ein Drittel seines Lebens im Bett. Im Schlafgemach sollen Körper und Geist Ruhe und Entspannung finden. Wie wichtig gesunder Schlaf ist, können all jene bestätigen, die Schlafprobleme haben. Das Wichtigste für die optimale Entspannung ist ein gut belüfteter, ruhiger Raum. Leider können nicht alle Menschen behaupten, dass ihr Schlafzimmer diesem Grundanspruch gerecht wird. Lärmender Straßenverkehr ist für viele zum Albtraum geworden. Verzweifelt kämpfen entnervte Anwohner für ihr Recht auf ein entsprechendes Maß an Ruhe – kein aussichtsloses, aber ein äußerst mühsames und kräfteverzehrendes Unterfangen.

Enorm wichtig für einen guten Schlaf ist weiterhin die Matratze. Je nach Matratze ist unter Umständen ein richtiger Lattenrost vonnöten. Hinsichtlich der Klimatisierung spielt außerdem das Oberbett eine große Rolle. Und – last, not least – sollte man auch auf ein gutes Bettgestell achten.

Matratzen 104 / Lattenroste 119 / Oberbetten 125

Matratzen

Matratzen sollte man nach folgenden Gesichtspunkten beurteilen:

1. Medizinisch-orthopädische Anforderungen:

Anpassung an den Körper, Stützung der Wirbelsäule

Eine Matratze sollte fest, aber elastisch sein. Ist sie zu hart, verhindert sie die Anpassung an die Körperkonturen. Wenn sie zu weich ist, besteht die Gefahr, dass sie die Wirbelsäule unzureichend stützt. Und ist die Matratze durchgelegen, dann hängt man in einer Kuhle; es kommt zu Rückenbeschwerden, man schläft unruhig, die Muskulatur verspannt. Über einen längeren Zeitraum kann eine durchgelegene Matratze zu ernsthaften Schäden an der Wirbelsäule führen.

2. Klimatisierung:

Atmungsaktiv und wärmeisolierend

Grundsätzlich muss eine Matratze atmungsaktiv sein. Sie sollte die Feuchtigkeit regulieren können, denn der Mensch schwitzt nachts (normalerweise verliert er 1/3 bis 1 l Flüssigkeit, im Krankheitsfall bis zu 4 l). Nimmt die Matratze den Schweiß nicht auf, kommt es zum Hitzestau. Man liegt im eigenen feucht-warmen Klima. Rheuma ist eine der möglichen Folgen, vor allem aber die Schimmelbildung mit all ihren gesundheitsbedrohenden Konsequenzen.

Natürliche Fasern nehmen die Feuchtigkeit auf. Tierhaare (Rosshaar, Wolle) sind dazu besser in der Lage als pflanzliche Fasern (Baumwolle, Stroh, Kokos u.a.). Wolle kann bis zu 30 % ihres Eigengewichts an Wasser aufnehmen.

Weiterhin gehört zur Klimatisierung die Wärmeisolierung. Die körpereigene Wärme darf nicht abgeleitet, sondern sollte gespeichert werden. Am besten schläft es sich im trocken-warmen Klima.

3. Persönliches Empfinden:

Individuelles Schlafverhalten

Jeder Mensch hat ein individuelles Schlafverhalten. Es gibt Rücken-, Bauch- und Seitenschläfer. Menschen, die auf dem Rücken oder dem Bauch schlafen, bevorzugen oft sehr harte Matratzen. Hier empfiehlt sich die Strohkernmatratze. Auf zu festen Matratzen erhalten Rückenschläfer mit Hohlkreuz allerdings häufig keine optimale Abstützung. Seitenschläfer brauchen dagegen weichere Unterlagen. Rosshaar-, Kokos- oder Latexmatratzen werden «Weichschläfern» empfohlen.

Sind Sie Rücken-, Seiten- oder Bauchschläfer?

Relativ neu sind so genannte Schichtmatratzen aus verschiedenen Materialien mit Latexschichten in unterschiedlichen Anteilen und Stärken, mit denen Hersteller in der Lage sind, für jeden Schlaftyp – vom «Weichschläfer» mit vielen Schlafbewegungen bis hin zu Menschen mit hohem Gewicht, die gern auf dem Bauch schlafen – die entsprechende Matratze anzubieten.

Ob eine Matratze als weich oder hart beurteilt wird, ist vielfach eine subjektive Empfindung und hängt stark von der vorher benutzten Matratze ab. Durch Gespräche mit dem Verkaufsberater und vor allem durch Probeliegen wird man schnell eine genauere Vorstellung definieren können.

Rosshaarmatratzen

Die hochwertige Rossschweifhaarmatratze

Die Rosshaarmatratze ist die klassische Vollpolstermatratze. Man unterscheidet hier Rosshaar- und Rossschweifhaarmatratzen. Letztere zählt, von den positiven Eigenschaften wie vom Preis her, zu den Spitzenreitern unter den Matratzentypen. Das drahtige, mechanisch behandelte Rosshaar stammt bei ihr ausschließlich aus Schweif und Mähne. Verarbeitet werden etwa 24 kg Rosshaare. Unter Wasserdampf wird das Haar gekräuselt; diese «künstliche Federung» macht die Matratze elastisch und anpassungsfähig.

Die kostengünstigere Rosshaarmatratze

Für die kostengünstigere Variante der Rosshaarmatratze wird ausgebürstetes Pferdehaar gesammelt. Hinsichtlich der hervorragenden Atmungsaktivität unterscheidet sich diese Matratze kaum von der zuvor beschriebenen Rossschweifhaarmatratze. Sie ist nicht ganz so elastisch und hat grundsätzlich eine Baumwollabdeckung (ca. 500 g/m^2); ohne die Baumwollabdeckung könnte es passieren, dass sich eines der dicken Pferdehaare durch den Bezug bohrt und unangenehm sticht.

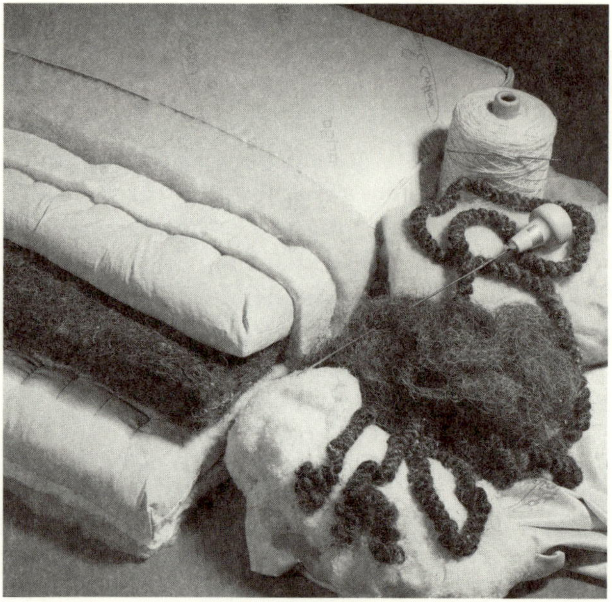

Eine Rosshaarmatratze zeichnet sich durch hervorragende Klimatisierungseigenschaften aus.

Eine Rosshaarmatratze (bzw. Rossschweifhaarmatratze) muss nur gelüftet werden; es reicht, wenn Sie Ihr Oberbett über Tag nach hinten legen. Das gespeicherte Wasser kann so verdunsten. Von Zeit zu Zeit wird die Matratze gewendet, damit sich das Füllmaterial setzt. Eine neue Matratze muss sich erst einliegen. Um Liegemulden zu vermeiden, muss die Matratze insbesondere in der ersten Zeit regelmäßig gewendet werden.

Eine Matratzen-Sonderausführung lässt sich eigenhändig nachpolstern. Mit einem seitlichen Reißverschluß lässt sie sich öffnen und gibt mit Rosshaar gefüllte Kammern frei. Man kann nun mögliche Kuhlen aufpolstern. Dieser praktische Nutzen wird jedoch mit einem nicht geringen Aufpreis bezahlt. Bei genauer Betrachtung rechnen sich diese Zusatzkosten nicht, zumal eine gute Matratze erst nach ca. zehn Jahren verschlissen ist und eine neue Rosshaarmatratze dann insgesamt kostengünstiger ist als das aufwendige Aufpolstern.

Die preiswerte Variante zur Rosshaarmatratze

Für den etwas schmaleren Geldbeutel findet man preiswerte Kombinationen als Alternative zur reinen Rosshaarmatratze: Rosshaar mit Kokoskern zum Beispiel. Es schläft sich auf diesem Matratzentyp recht fest, aber trotzdem auch in Seitenlage bequem. Die Abdeckung mit einer beidseitigen Rosshaarschicht federt Schläfer leicht. Stets wird eine Baumwollabdeckung über das Rosshaar gelegt. Auch eine solche Matratze muss gelüftet und zeitweilig gewendet werden.

Klimatisierung

Rosshaarmatratzen zeichnen sich durch hervorragend ausgleichende Klimatisierungseigenschaften aus. Das Tierhaar ist für die

Anbau und Weiterverarbeitung von Naturlatex

Feuchtigkeits- und Temperaturregelung geschaffen und sorgt auch in einer Matratze für ein angenehmes Schlafklima.

Grundsätzlich kann man Rosshaarmatratzen in Polstereien aufarbeiten lassen. Die traditionelle Vollposter-Handarbeit gehört zu den fast in Vergessenheit geratenen Handwerkskünsten.

Latexmatratzen

Saft aus dem Gummibaum

Von Ärzten wird die Latexmatratze oft als *die* orthopädische Matratze schlechthin empfohlen. Der Grund ist, dass sich Latex den Körperformen optimal anpasst. Obwohl die Matratze stützt, fühlt sich der Schläfer weich gebettet.

Naturlatex ist der Saft des Kautschukbaums. Die Rinde der 30 m hohen Bäume wird, wenn der Baum etwa sechs Jahre alt ist, mit einem Hohlmeißel eingeritzt. Unterhalb der gummiblutenden Wunde wird ein Gefäß befestigt, dann werden die gefüllten Töpfe wieder eingesammelt. Von einem Baum kann man täglich 50 bis 80 g Gummimilch zapfen. In der zentralen Abnahmestelle wird die Ernte eines Tages gesammelt. Die zentrifugierte Latexmilch wird teils direkt verarbeitet, teils exportiert. Reiner Naturlatex ist aufgrund dieser aufwendigen Arbeit sehr teuer – in London wird Latex, ähnlich wie Getreide, sogar an der Börse gehandelt.

Im Jahre 1928 wurde das «Dunlop-Verfahren» entwickelt und damit die ersten Latex-Schaum-Matratzen. In den vierziger Jahren des 20. Jahrhunderts entdeckte A. Talalay schließlich das Verfahren, nach dem noch heute Latexkerne aufgeschäumt werden.

Das Talalay-Verfahren

Gussformen werden zu einem Drittel mit Latexmischung gefüllt. Mittels Vakuum wird die Mischung im «Waffeleisen» verteilt. Der besondere Kniff der Latexmatratzen-Gussformen sind senkrecht angebrachte Metallstifte. Nach einem von dem Engländer Talalay entwickelten Verfahren wird erst Kälte und danach Hitze durch dieses Metall geleitet. Der Schaum wird durch das Einfrieren geliert und anschließend vulkanisiert (auf ca. 100 °C erhitzt). So entstehen die runden Luftzellen, die den Schaumgummi ausmachen.
Die Schäumung wird ohne FCKW-haltige Gase vollzogen. Auch auf Formaldehyd kann ganz verzichtet werden. Die in der Matratze entstandenen vertikalen Kanäle sorgen für Luftzirkulation und gewährleisten gleichmäßige Körperanpassung. Die Schaumgummi-Matratze wird anschließend gewaschen und in einem Ofen bei etwa 70 °C getrocknet. Jeder Block wird auf Gewicht und Härte-Gleichmäßigkeit geprüft. Man unterscheidet sechs Härteklassen von «sehr weich» bis «sehr fest». Die Unterschiede liegen im Raumgewicht des Schaumgummis, das durch die Bläschendichte bestimmt wird.

Dieses Verfahren hat sich für alle Latexmatratzen durchgesetzt. Seit 1997 werden in Sri Lanka nach ökologischen Gesichtspunkten Gummibäume kultiviert, aus denen der Naturkautschuk gewonnen wird. Das Projekt «EOPPSL» sichert den Gummibauern ein regelmäßiges Einkommen und Sozialleistungen.

Reifenhersteller produzieren Matratzen

Die bekanntesten und größten Kautschukverarbeiter und Latexhersteller sind Reifenfirmen: Dunlop (Großbritannien), Pirelli (Italien), Vredestein (Benelux-Länder). Das Talalay-Patent (Schäumungsverfahren) ist inzwischen aber längst verjährt, sodass sich mittlerweile etliche kleine Latexmatratzenhersteller in den Markt eingeschaltet haben. Jetzt profitieren die oben genannten Firmen ausschließlich von ihrem «Know-how».

Der Stoff, aus dem die Schäume sind

Die Latexmatratze kann nicht kommentarlos als Naturbett verkauft werden. Der Anteil an Naturlatex ist sehr unterschiedlich und schwankt zwischen 0 und 98 %. 100 % Latex kann nicht aufschäumen; ein Mindestanteil an Schaummitteln ist nötig. «Pirelli» setzt dem 100%igen Naturlatex 1 % Zinkoxyd, 1 % Zinksalze und 1 % Beschleuniger auf Zinkbasis zu. Durch Verdampfung verlieren sich Teile der Zusätze, und es bleibt ein 98 %iger Naturlatex.

Der größte Teil der Latexrohlinge (noch nicht bezogener Schaumgummiblock aus Latex) besteht aus einer Mischung aus Naturkautschuk und synthetischem Latex. Nicht nur Verbrauchern, auch Händlern ist aufgrund der geringen Herstellerauskünfte der genaue Anteil an synthetischem Latex jedoch oft unbekannt. Bei Latexrohlingen gibt es fast immer ein Rezepturgeheimnis; die Firmen wollen sich so Schwankungen in den Prozentzahlen vorbehalten. Überdies loben sie die gleichbleibende Qualität des synthetischen Schaumstoffs. Der synthetische Latexanteil ist nur sehr schwer festzustellen; Händler lassen mittlerweile kostspielige Analysen durchführen, um sich nicht mehr auf Aussagen von Herstellerfirmen verlassen zu müssen.

Synthetisches Gummi

Synthetisches Gummi besteht aus den Stoffen «Styrin» und «Butadien». Beide Stoffe sind nicht als unbedenklich zu bewerten: Wenn Arbeiter bei der Herstellung Dämpfe einatmen, kommt es nicht selten zu Schwindelanfällen und Kopfschmerzen; über einen längeren Zeitraum können die Dämpfe außerdem Augen, Schleimhäute und die Lunge schädigen, Krebs erregen, sich auf das Erbgut auswirken und zu chronischen Hauterkrankungen führen. Die Vorsichtsmaßnahmen sind bei den Herstellerfirmen entsprechend hoch. Verbraucher müssen jedoch keine gesundheitsgefährdenden

Eine Naturlatexmatratze empfiehlt sich auch für Allergiker.

Dämpfe befürchten – sowohl Butadien als auch Styrin werden schon bei Minustemperaturen gasförmig.

Oft werden synthetische Latexmatratzen mit einem Werbetrick angeboten. Texte wie «Latex wurde ursprünglich aus dem Saft des Gummibaums gewonnen» und Aufkleber mit dem Hinweis «100% reiner Latex» lassen den Eindruck entstehen, es handele sich um Naturkautschuk. Dem ist nicht so, hier wird die synthetische Variante angeboten. Wenn überhaupt vorhanden, ist der Naturlatexanteil hier sehr gering. Solche Matratzen als «Naturmatratzen» anzubieten ist also Täuschung. Da es keinen gesetzlichen Schutz des Begriffes Naturlatex gibt, wurde 1995 der Qualitätsverband umweltverträgliche Latexmatratzen (QUL) auf Initiative des eco-Umweltinstituts Köln gegründet. Mit dem QUL-Siegel gekennzeichnete Matratzen werden auf flüchtige organische Verbindungen, Pestizide, gesundheitsschädigende Schwermetalle, Pentachlorphenol und Nitrosamine untersucht.

Latexmatratzen empfehlen sich für Allergiker. Der abnehmbare Bezug kann für Hausstauballergiker auch in ausgerüsteter Baumwollqualität angeboten werden. Latexmatratzen kann man absaugen und abwaschen. Wichtig ist eine regelmäßige und intensive Lüftung. Immer mehr Krankenhäuser rüsten auf Latexmatratzen um, da die orthopädischen und hygienischen Vorteile in Kombination unübertroffen sind.

Latexrohlinge sind aufgrund des komplizierten technologischen Verfahrens ausschließlich von der Industrie herstellbar. Sie werden später von Polstereien gekauft und weiter verarbeitet. Wichtig sind

> ***Keine Sonne!***
>
> Direkte Sonneneinstrahlung ist für eine Latexmatratze «Gift»; sie ist eben aus Gummi, das bekanntlich durch direkte UV-Bestrahlung porös wird.

Latexrohlinge – ein industrielles Produkt

hier der Bezug, die Abdeckung (Baumwolle, Wolle o.a.) und die Kombination mit anderen Matratzenrohlingen (Rosshaar, Strohkern, Baumwolle). Die Matratzenauflagen reichen völlig aus, ein angenehmes Schlafklima zu garantieren.

Recycling

Latexmatratzen können recycled werden. Bevor man sie auf den Sperrmüll gibt, sollte man also mit einem Händler sprechen. Latex ist, ob synthetisch oder natürlich, ein recht unproblematisches Abfallprodukt. Unter Lichteinwirkung (UV-Strahlung) zerfällt der Schaumstoff in harmlose Elemente. Einzig Spuren von Zinkoxyd könnten als Belastung kritisiert werden.

Matratzen aus pflanzlichen Fasern: Kokos, Stroh, Sisal und Kapok

Die Kokosmatratze

Individuelles Empfinden bestimmt die Entscheidung für eine *Kokos-* oder eine *Kokos-Sisal-Matratze.* Die festen und formbeständigen Hartfasern der Kokospalme, die ursprünglich die Kokosnuss vor Witterung und Beschädigung beim Herabfallen schützen, gleichen im Aufbau winzigen Röhrchen und sorgen daher für eine ausgezeichnete Klimatisierung. (Zur Kokosfaser s. auch oben, S. 31 ff.). Bei genügender Belüftung von unten brauchen Kokosmatratzen wenig Pflege. Sie sind gegen Mottenfraß völlig immun – Motten verschmähen alle pflanzlichen Matratzenfasern – und erfreuen sich einer langen Lebensdauer. Im Gegensatz zu Strohmatratzen sind sie für verstellbare Lattenroste geeignet. Die Kokosmatratze ist zwar recht hart, aber biegsam. Auf einem guten Lattenrost passt sie sich wellenförmig dem Körper an.

Eine Kokosmatratze klimatisiert hervorragend, ist pflegeleicht und relativ hart, aber biegsam.

Sisalpolstermatten werden als preiswerte Alternative zu Kokos eingesetzt. Eine mit Sisal abgepolsterte Kokosmatratze ist elastischer als eine reine Kokosmatratze. Auf einem federnden Lattenrost eignet sie sich besonders für leichtgewichtige Menschen.

Zu Unrecht ist die *Strohkernmatratze* als «Arme-Leute-Liege» in Verruf geraten. Die früher handgestopften Strohmatratzen (bis zu sieben Schichten) neigten zur irreparablen Kuhlenbildung – vielleicht daher der schlechte Ruf? Doch Stroh hat viele Vorzüge: Es ist ein einheimisches Produkt, das regelmäßig mit der Getreideernte anfällt; von Radiästheten und Baubiologen wird es gegen geopathogene Störungen empfohlen, und schließlich wärmt Stroh hervorragend, besser als alle hier genannten Pflanzenfasern. Seine Eigenfeuchtigkeit beträgt etwa 6 bis 8 %, doch kann es bis zu 10 bis 12 % Wasser in sich aufnehmen. (Wenn hier von «warm» und «kühl» die Rede ist, bezieht sich das nur auf das Liegeempfinden; der Wärmeaustausch an sich wird auf allen Naturmatratzen hervorragend reguliert.)

Roggenstroh ist am atmungsaktivsten, weil es am spreizfähigsten ist. Es fühlt sich daher am wärmsten an. *Haferstroh* ist nicht so spreizfähig, der Halm bäumt sich am wenigsten auf. Auf Haferstroh ruht man daher vergleichsweise eher kühl. Auf Nachfrage kann man auch Strohkernmatratzen aus *Dinkel* erstehen – eine mittlere Qualität zwischen warmem und kühlem Stroh.

Die normale Strohkernmatratze ist zweilagig – zwei etwa 7 cm dicke Strohmatten sind mit Jute umschlossen, mit einem strapazierfähigen Baumwoll- oder Halbleinenbezug überzogen und von Hand versteppt. Halm an Halm liegt das Stroh beim Herstellen der Matratze überkreuz, und der 60 cm hohe Rohling wird auf knappe 7 cm zusammengepresst. Während der Pressung wird das Stroh dreimal mit Luftdruck durchblasen und so entstaubt. Etwa fünf Stunden lang wird der gepresste Rohling auf 95 °C erhitzt und entkeimt.

Die Dinkelmatratze sorgt für ein trockenes Bettklima.

Nach der Blütezeit des Roggens ist auch der Pollenflug vorbei. Letzte Pollenreste werden bei der Reinigung des Strohs entfernt. Auch Roggenpollenallergikern konnte daher die Strohkernmatratze bislang bedenkenlos verkauft werden – so die Angabe der Hersteller.

Auf Stroh liegt es sich hart

Seitenschläfern wird oft vom Kauf von Strohkernmatratzen abgeraten, da diese Matratzen sehr hart sind. Mögliche Abhilfe bieten Matratzen-Mischtypen. Die weicheste Variante hat einen Latexkern, der von zwei Strohmatten ummantelt ist. Strohkernrohlinge werden auch in Kombination mit anderen Matratzentypen hergestellt: z.B. als stabilisierende Kraft zwischen den Baumwollmatten von Futons oder zwischen dicken Matten aus Rosshaar oder Kokosfasern. Strohkernmatratzen sind nicht für verstellbare Lattenroste geeignet.

Kapokmatratzen

Alte Leute kennen sie noch: die *Kapokmatratze*. Kapok ist ein Baum, der an Fluss- oder Seerändern in Java wächst. Die Faser, ähnlich der Baumwolle, dient als Schwimmhilfe für die Frucht. Der große Lufteinschluss, der die Faser schwimmfähig macht,

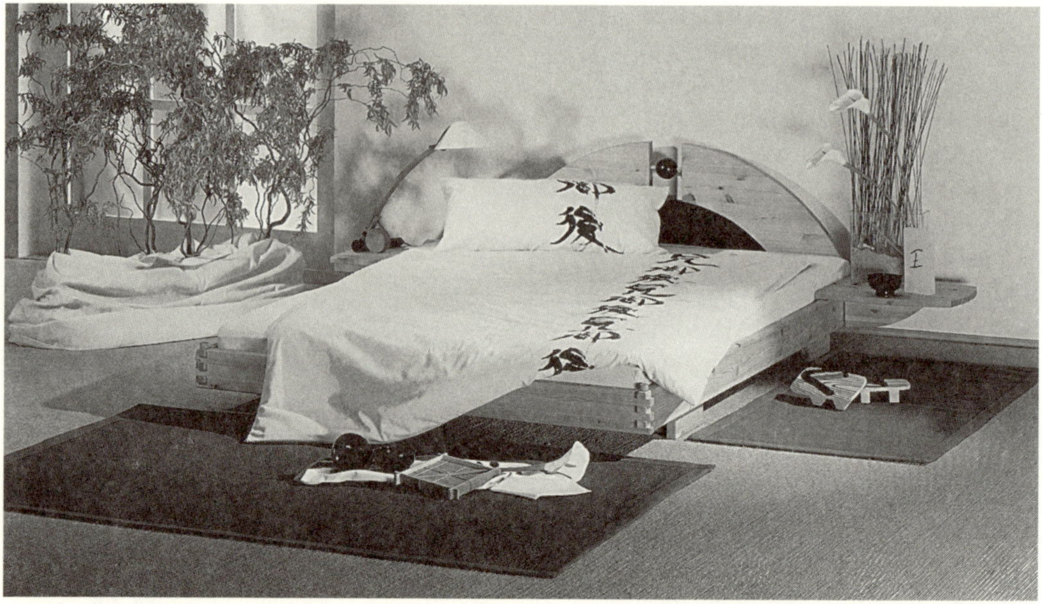

Im Futon-Design werden heute auch metallfreie Massivholzbetten aus hochwertigen Materialien angeboten.

sorgt auch für eine hohe Wärmeleistung und macht die Kapokmatratze zur idealen Unterlage für Rheumakranke. Ein eigener natürlicher Bitterstoff der Pflanzenfaser soll vor Bakterien schützen. Kapokmatratzen sind recht pflegebedürftig. Die geringe Sprungelastizität der Fasern macht das Drehen und Wenden der Matratze nötig, sonst kommt es zur Kuhlenbildung.

Der Futon

Futons aus reiner Baumwolle?

Erst hoch gelobt, dann in einen Hagel von Kritik geraten und schließlich im europäischen Stile modernisiert: der Futon. Viele, die sich einen reinen Baumwollfuton kauften, möglicherweise noch in Übergrößen, ärgern sich immer mehr über die zunehmende Verdichtung der Baumwolle. Anfangs weich und kuschelig, ist der Futon nach einiger Zeit vergleichsweise hart. Reine Baumwollfutons sind wirklich eher etwas für «Hartschläfer». Auch die

Futonkombinationen (z.B. Rosshaar) liegen sich platt. Das Material bringt diese Eigenschaften mit sich. Futons gehören außerdem zu den Matratzen, die am meisten Pflegeaufwand erfordern. Wenn sie aus reiner Baumwolle bestehen, müssen sie regelmäßig zusammengerollt und aufgeklopft werden. Je schwerer und dicker ein Futon ist, umso schwieriger ist diese Pflege.

Die Baumwollqualität

Die unterschiedliche Baumwollqualität ist ein weiterer Faktor, der den Liegekomfort beeinflusst. Deshi-Baumwolle ist elastischer als andere Qualitäten. In billigen Futons wird dagegen minderwertige Baumwolle verwendet, die sich nicht gut aufschlagen lässt. Ein großes Problem ist leider auch die Baumwollproduktion. In Monokulturen werden Mengen von Pestiziden und Herbiziden verspritzt. Eine Alternative dazu bietet der ökologische Baumwollanbau. Hier sind Hersteller wie Verbraucher gleichermaßen gefragt, umweltschonende Anbau- und Verarbeitungsformen zu forcieren.

Ein zusammengerolltes Bett?

Wenn Japaner aufgrund ihrer Lebensverhältnisse einen Futon regelmäßig rollen, so bleibt der Europäer doch seinen Schlafgewohnheiten verbunden. Das regelmäßige Rollen selbst kleiner Futons gelingt nur wenigen – es scheitert immer häufiger, z.B. weil man es morgens eilig hat, weil man noch zu müde ist, weil man nicht den ganzen Tag das zusammengerollte Bett daliegen haben möchte … Und einen Doppelfuton ordnungsgemäß zu rollen ist nur äußerst kräftigen Personen möglich. Die hiesigen Schlafzimmer mit Doppelbetten sind eigentlich nicht für zwei kleine Baumwollmatten konzipiert. Japaner räumen über Tag ihr gesamtes Bett zur Seite, um den knappen Wohnraum sinnvoll für den Tag zu nutzen.

Schichtmatratzen

Schichtmatratzen – äußerst gefragt

So genannte Schichtmatratzen haben den Futons inzwischen den Rang abgelaufen. Die Kombinationen sind heute viel versprechend und weniger pflegebedürftig. Zum Beispiel ist ein Latexkern, ummantelt von Baumwollmatten, eine gelungene Alternative. Sehr interessant sind auch vielschichtige Matratzentypen (Sandwich-Matratzen), bei denen verschiedene Naturmatten (Kokos, Rosshaar, Latex, Baumwolle) in unterschiedlicher Anordnung aufeinander geschichtet werden. Es gibt diesen modernen Matratzentyp für jeden Geschmack und für jeden Anspruch. Optimaler Liegekomfort bei minimaler Pflege – in nahezu jeder Preisklasse und für jedes Bettgestell. Der Matratzentyp der Zukunft?

Federkernmatratzen

Vorsicht beim Kauf einer Federkernmatratze!

Herkömmliche Federkernmatratzen werden mit Skepsis beäugt. Ein werbewirksamer Messegag demonstriert, dass man allein mit einer Federkernmatratze mindestens drei Fernsehprogramme empfangen könne. Heilpraktiker warnen überdies, dass auch Erdstrahlen hervorragend geleitet und verstärkt werden. Diese können die natürliche Ruhe beeinflussen. Auch einem Bandscheibenleiden wird nur bei teuren, guten Modellen befriedigend entgegengewirkt. Die Metallspiralen der billigen Modelle sind nicht einzeln aufgehängt, wie das z.B. bei der Taschenfederkern- bzw. Tonnenfederkernmatratze der Fall ist. Die billigen Spiralenfedern leiern schnell aus.

Last not least wird die Atmungsaktivität der Federkernmatratzen kritisiert. Unter Baumwoll- und Wollbeschichtung befinden sich zum Teil atmungsunfähige Folien. Dann kann es zum gefürchteten Hitzestau kommen – der Mensch liegt im eigenen Schweiß. Die Beschichtungen werden oft mit Klebstoff verbunden, und diese Kleber dünsten meist gesundheitsgefährdende Gase aus. Darum: Vorsicht walten lassen und Augen auf beim Kauf!

Matratzenabdeckungen und Unterbetten

Da man eine Matratze öfter einmal wenden sollte, sind «Sommer-» und «Winterseiten» ungeeignet. Praktisch sind Rheumadecken oder

> ***Ohne Kleber hergestellte Matratzen***
>
> Gute Naturmatratzen sind mit Nadel und Faden von Hand versteppt. Kaufen Sie keine billige, mit Sprühkleber verarbeitete Matratze. Die Kleber mindern die Atmungsaktivität und enthalten giftige Lösungsmittel. Überprüfen Sie außerdem die Verarbeitung, auch hier wird oft geschlampt. Nur saubere, feste Versteppung garantiert ein langes Matratzenleben.

andere Auflagen z.B. aus Wolle oder Baumwolle, die man abnehmen und zeitweilig waschen kann. So kann man auf einfache Matratzenmodelle ohne eingearbeitete Abdeckung zurückgreifen.

Geeignet bei Rheuma und Muskelverspannungen

Unterbetten sind Auflagen, die auf die Matratze gelegt bzw. gespannt werden. Ein Unterbett aus natürlichem Material – in der Regel Wolle, Wollkombinationen oder Baumwolle – ergänzt die Ausstattung eines Naturbetts. Man kann das Unterbett nach Bedarf wählen bzw. verwenden. Die wärmenden Wollunterbetten werden vor allem bei Gelenk- und Rheumaproblemen sowie bei Muskelverspannungen empfohlen.

Wichtige Informationen zur Matratze in Kürze

Alte Matratzen

Nach acht bis zehn Jahren ist eine Matratze alt. Sie hat den täglichen Schweiß, die Keime und den Schmutz von etwa einem Jahrzehnt in sich aufgenommen (in ca. 29.200 Liegestunden). Jetzt wäre es ratsam, die Matratze zu wechseln.

Entsorgung

Naturmatratzen sind problemloser Müll, wenn sie aus reinen Naturmaterialien gefertigt wurden, wenn also auch der Bezug aus Naturfasern besteht und die Matratzen ohne Kleber und Plastik verarbeitet wurden. Sie könnten im Prinzip auf einem Komposthaufen verrotten.

Pflege Lüften ist das richtige Stichwort für die Pflege. Oberbetten über Tag wegräumen oder nach hinten weglegen. Im Sommer stellt man die Matratze in die pralle Sonne (Ausnahme: Latexrohlinge!). Keime werden nun abgetötet, und Ihr Schlafplatz ist gut durchlüftet. Abnehmbare Bezüge können zeitweise gewaschen werden. Vorsicht, nicht in den Trockner geben, da der Bezug dann möglicherweise schrumpft. Futons brauchen mehr Pflege!

Zweiteilige Matratzen Langlebig, leicht zu wenden und pflegeleicht sind 2/3-Matratzen. Sie bestehen aus einem kleinen Teil, auf dem die Beine liegen, und einem größeren Teil, der bis kurz unter das Becken reicht. 2/3-Matratzen leben länger, da man der Muldenbildung gezielter entgegenwirken kann. Theoretisch können Sie bei einem Neukauf einzelne Elemente erstehen. Der Teil, auf dem der Oberkörper ruht, wird stärker belastet und daher früher durchgelegen sein.

Grobe Fehler Wer eine Naturmatratze einfach auf den Boden legt, erlebt eine böse Überraschung: Feuchtigkeit, Stockflecken, im schlimmsten Fall Parasiten und Ungeziefer – die sich im feuchtwarmen Klima pudelwohl fühlen – können unter dem Schlafplatz ihr geselliges Beisammensein ausleben. Die klimatische Wirkung einer Naturmatratze ist auf diese Weise stark eingeschränkt. Matratzen müssen gut durchlüftet sein – ein Lattenrost ist notwendig. Ein gut federnder Lattenrost unterstützt die positiven Eigenschaften der Matratze und verhilft zu entscheidendem Liegekomfort.

Wichtige Gütesiegel Siegel und Gütezeichen werden heute häufig vergeben. Doch einige können Verbrauchern tatsächlich wichtige Anhaltspunkte hinsichtlich der Qualität geben:

- ÖkoControl-Zeichen werden vom Bundesverband ökologischer Einrichtungshäuser vergeben. Matratzen, die dieses Siegel tragen, sind strengen Schadstoffprüfungen und Belastungstests unterzogen worden.
- TOXPROOF ist das Zeichen des TÜV-Rheinland. Hiermit ge-

kennzeichnete Matratzen haben einen strengen Schadstofftest bestanden.
- QUL ist das Label, mit dem der «Qualitätsverband umweltverträgliche Latexmatratze» sozialverträgliche und gesundheitliche Voraussetzungen garantiert (s. oben).
- «Textiles Vertrauen – Schadstoffgeprüfte Textilien nach Öko-Tex Standard 100»: Dieses Zeichen verspricht eine Kontrolle auf Schadstoffe, die Grenzwerte liegen jedoch unter denen des TÜV-Rheinland.

Achten Sie außerdem auf genaue Hinweise, die die Herkunft und die Verarbeitung der Rohstoffe dokumentieren. Nur wenn Sie sich nicht auf vage Aussagen verlassen, ist die größte Qualität garantiert; wenn sich ein Hersteller die größte Mühe bei der Rohstoffauswahl und der Verarbeitung macht, wird er auch alle Möglichkeiten ausschöpfen, auf die besonderen Produktionsmaßnahmen hinzuweisen!

Von ebenso großer Wichtigkeit sind genaue Pflegehinweise, die die lange Lebensdauer einer Matratze sichern.

Lattenroste

Je nachgiebiger die Matratze, umso wichtiger der Lattenrost

Lattenroste sind überflüssig, wenn eine Federkernmatratze die fehlende Bandscheibenstützung übernimmt. Naturmatratzen werden auf starren Unterlagen jedoch bretthart. Erst durch den Lattenrost werden Schläfer weich gefedert, wird die Matratze geschont und das Nachtlager ausreichend gelüftet. Je nachgiebiger die Matratze, desto wichtiger ist ein orthopädisch sinnvoller Lattenrost. Latexmatratzen beispielsweise werden erst durch die federnde Unterlage orthopädisch hochwertig.

Es gibt verschiedene Lattenrostmodelle:

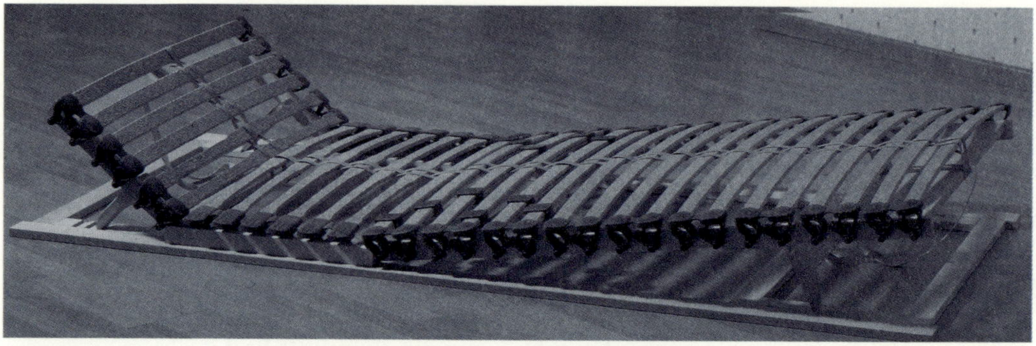

Metallfreier Lattenrost mit korkbeschichteten Federleisten und Mittelzonenverstärkung.

- gebogene Schichtholzfederleisten, im Massiv- oder Schichtholzrahmen eingehängt
- Massivholzleisten im Rahmen
- als Roll-Lattenrost im Taschengewebe
- auf orthopädischen Holzlängsholmen mit Latexauflage.

Was ein guter Lattenrost leistet

Liegen Schläfer auf der Seite, erscheint die Wirbelsäule in gerader Position – vom Halswirbel bis zum Rumpf. Liegt man auf dem Rücken, soll sich die Schlafunterlage der S-Form der Wirbelsäule optimal anpassen. Je mehr Leisten ein solcher Rost besitzt, umso besser ist die Stützung des Körpers. Der Zwischenraum sollte genauso breit sein wie die Leiste, dann sind 50 % Luftdurchlass gewährleistet.

Ein langes Matratzenleben

Ein guter Lattenrost verlängert das Leben der Matratze. Bei einer starren Unterlage erfährt die Matratze insbesondere im Becken- und Schulterbereich maximale Pressung; die Matratze liegt sich an diesen Stellen schneller durch. Ein Lattenrost dagegen gibt dem Druck nach unten hin nach und gleicht aus.

Vom Brett zum Bogen

Die Leisten sollen leicht gebogen sein, damit sie federn können. Ein massives Brett lässt sich aber nur schwer in eine gebogene Form bringen. Aus diesem Grund haben sich Schichtholzleisten aus verleimter Buche durchgesetzt. Ganz dünne Holzleisten (Furniere) werden unter Druck und Hitze in einer bogenförmigen Presse miteinander verleimt. Als Leim dient Harnstoffharz; es schützt das Holz gleichzeitig vor Feuchtigkeit.

Apropos Formaldehyd

Jedes Holz dünstet Formaldehyd aus. Das ist ganz natürlich. Auch wir Menschen haben den Stoff im Körper und geben winzige Mengen davon an die Umwelt ab. Doch mit höherer Formaldehydkonzentration nehmen auch die gesundheitlichen Risiken zu. Seit etwa 100 Jahren wird Formaldehyd auch technisch hergestellt. Übrigens: Pro Zigarette werden etwa 1,5 mg Formaldehyd frei.

Erlaubte Ausdünstungen

Das Bundesgesundheitsamt hat den «Maximalen Innenraumkonzentrationswert» auch für Formaldehyd festgelegt (MIK-Wert). Seit 1977 gibt es den empfohlenen Richtwert von 0,1 ppm für Wohnräume. Möbel und Holzpresswerkstoffe – also auch Lattenroste – dürfen nur so viel Formaldehyd abgeben, dass die Raumluftkonzentration von 0,1 ppm nicht überschritten wird (das bedeutet, dass 1 Teil Formaldehyd auf 1 Million Teile Luft ausdünsten darf). Fachleute bezeichnen diese Ausdünstungsgrenze als «Emissionsstufe 1».

Wie gefährlich die «Emissionsstufe 1» ist, wird unterschiedlich bewertet. Während etliche Fachleute diese minimale Ausdünstung als unbedenklich ausweisen, sehen andere bereits die geringste Belastung als Ursache für Beschwerden und Krankheitssymptome. Wer auf Nummer Sicher gehen möchte und die gesundheitlichen Vorteile eines Lattenrostes schätzt, kann zu einem einfachen Trick greifen: Die Kanten der Leisten werden mit Lack – z.B. lösungsmittelreduzierte Acrylharzlacke oder Schellack – versiegelt.

Damit Sie nicht aus dem Rahmen fallen

Damit die Leisten nicht aus dem Rahmen fallen, muss man für optimale Aufhängungen sorgen. Üblich sind so genannte Kautschukkappen aus künstlich erzeugtem Gummi. Es hat sich im Anwendungsbereich bewährt. Die Kautschukkappen werden mit Stiften im Holzrahmen befestigt, die in der Regel aus Kunststoff sind.

Lattenroste aus Massivholz

Es gibt unterschiedliche Lattenrosttypen, die aus Massivholz gefertigt sind. Preiswerte Varianten sind in unbehandelte Leinenlaken eingearbeitet. Bei diesem Typ kann man so völlig auf Kunststoffe verzichten. Sicherlich federt er nicht wie Lattenroste mit beweglichen Kunststoffkappen; für starre Matratzen, z.B. Strohkernmatratzen, ist er aber nicht uninteressant. Dieser Massivholzlattenrost hat eine Besonderheit: Man kann ihn aufrollen. Wem es behagt, kann z.B. mit einem gut rollbaren Futon – ganz in japanischer Tradition – ein «unsichtbares», platzsparendes Bett konstruieren und den Wohnraum über Tag nutzen.

Massivholzleisten in Kautschukkappen sind nicht gebogen. Buchenholz gewährt Stabilität, damit die Leisten nicht durchhängen.

Kompliziert und aufwendig konstruiert sind das «Hüssler Bett» und das «Grüne Bett». Die dafür verwendeten Lattenroste sind speziell für Naturkautschuk-Matratzen konzipiert, der Handel bietet sie nur auf ausdrücklichen Wunsch einzeln an. Normalerweise werden diese Betten als Einheit verkauft.

Lattenrost im Doppelbett

In den rustikalen Ehebetten unserer Großeltern hat jeder Schläfer ein eigenes Bettgestell mit Lattenrost und Matratze. Unsere Vorfahren waren der Ansicht, dass es sich allein am besten federt und schläft. Sie schliefen auch in kalten, unbeheizten Räumen. Die wilhelminische Prüderie lässt uns in ihren Ausläufern heute noch erahnen, wie es um die Sinnlichkeit stand ... Ist das doppelte Einzelbett also ein Symbol maroder Moral?

Von etlichen Schlafforschern, Bettenverkäufern oder von «Beziehungsskeptikern» wird auch heute das Bett für eine Person empfohlen. Möglicherweise kann man so unzählige gegenseitige Störungen des Schlafs vermeiden. Man schläft auf dem eigenen Lattenrost mit Sicherheit ruhiger. Wer jedoch sein Bett gerne und häufig mit einem Partner teilt, liegt dann möglicherweise häufig in der «Besucherritze». Oder quetscht er sich in das Bett des Partners – mit der Folge, dass sich der doppelt belastete Lattenrost stark durchbiegt? Die Qual der Wahl kann einem bei diesem verzettelten Thema schon schlaflose Nächte bereiten ...

Für Doppelbetten gibt es optimierte Lattenroste. Eine Mittelzonenverstärkung verhindert, dass die Federleisten zu stark nach unten gedrückt werden. Fehlt diese Verstärkung, ist es deutlich ungemütlicher, wenn man zu zweit im Doppelbett liegt. In diesem Fall kann man über zwei Lattenroste eine durchgängige Matratze mit Übergröße legen. Sie ist möglicherweise jedoch zu schwer zu handhaben, zu groß und zu wuchtig. Es ist daher auch möglich, zwei Matratzen durch ein gutes, großes Unterbett zu verbinden.

Unflexible Matratzen, wie die Strohkernmatratzen, können auch auf einen Vollholzlattenrost gelegt werden; er hat den Vorteil, dass er die Bewegungen der beiden Schläfer nicht überträgt. Diese Variante setzt allerdings voraus, dass beide Partner gern hart schlafen.

Lattenroste für Schwergewichte

Die Mittelzonenverstärkung wird auch schwergewichtigen Menschen empfohlen. Eine zweite Leiste lässt sich bei diesem Lattenrosttyp mit zwei Schiebern verstellen. Durch diese Konstruktion kann man den Druck der einzelnen Holzlatten nach persönlichem Bedarf verstärken.

Naturholzrahmen

Während konventionelle Lattenroste oft einen Metallrahmen haben, ist ein Naturbett oft mit einem Holzrahmen ausgestattet. Die Ausführungen gibt es in Buchenschichtholz oder in Massivholz (meist Buchenholz). Der geleimte Schichtholzrahmen ist garantiert verzugsfrei. Massivholzrahmen werden oft mit Zwischenverstrebungen aus Holz gearbeitet, um Langlebigkeit und Stabilität zu sichern.

Kopf- und Fußteilverstellungen

Es gibt Verstellungen für den Kopfbereich, den Fußbereich und/oder den Oberkörper. Die Verstellmechanik ist im Naturwarenhandel meist aus Holz. Auch hier haben sich pfiffige Hersteller zugunsten baubiologischer Qualität etwas einfallen lassen: die Liegestuhlmechanik – eine Verstellmechanik aus Holz, wie beim Liegestuhl. Mittels Hebelfunktion werden hier Kopf- und/oder Fußteil verstellt. Ein Ruck an einem Baumwollband bringt den Träger zurück in die flache Ausgangsposition.

Kopfverstellungen können sinnvoll und hilfreich sein. Ebenso ist es sehr angenehm, für eine kurze Zeit die Fußverstellung anheben zu können. Die gesamte Nacht hindurch darf die Fußverstellung allerdings nicht höher als Herzhöhe eingestellt sein, andernfalls

Metall im Bett

Im Inneren der Erde, in 2.900 km Tiefe, befindet sich ein flüssiger Metallkern. In ihm fließen Ströme von gigantischer Intensität. Sie bauen das Erdmagnetfeld auf, das die gesamte Erde umschließt. Das Erdmagnetfeld ist erfahrbar – jeder Magnet richtet sich nach ihm aus und pendelt sich in Nord-Süd-Richtung ein. So funktioniert der Kompass.

Das homogene Magnetfeld kann durch natürliche und technische Einflüsse gestört werden, z.B. durch Wasserquellen oder Eisenvorkommen. Metall generell verursacht eine Störung im homogenen Magnetfeld der Erde; dazu gehören auch Metalle in unseren Wohnräumen, z.B. Stahl in Betonwänden, Heizkörper oder Federkerne in Matratzen, Stahlfederrahmen oder Metallbetten.

Die Wirkungen auf unseren Körper sind vielfältig. Sensible Menschen können mittels Ruten Plätze orten, wo das Magnetfeld empfindlich durcheinander geraten ist. Bau- und Geobiologen warnen vor solchen Plätzen und raten davon ab, hier Betten aufzustellen. Ein Bett aus Naturmaterialien ist möglicherweise eine kleine Hilfe, sich den negativen Einflüssen unserer modernen Zivilisation wenigstens in der Nacht ein wenig zu entziehen.

wird die Durchblutung der Beine und Füße eingeschränkt. Vom orthopädischen Standpunkt vollkommen unsinnig sind Verstellungen im Mittelbereich des Lattenrostes. Das Bein kann nur unterhalb der Hüfte gehoben werden, und der Oberkörper muss entsprechend der Anatomie unterhalb der Schulterblätter gehoben werden.

Oberbetten

Federbetten

Das gute alte Federbett ist in letzter Zeit stark in Zweifel gezogen worden; Kritikpunkte sind die unzureichende Klimatisierung, dass man unter den Federn leicht schwitzt, dass Tiere meist lebend gerupft werden, weil dann häufiger «geerntet» werden kann, und dass die gefräßige Hausstaubmilbe im Federdickicht optimalen Nährboden findet.

Ein Bett aus reinen Daunen

Grundsätzlich muss man zwischen verschiedenen Arten von Bettfedern unterscheiden. Federbetten können mit reinen Daunen gefüllt sein. Aus Entennestern nimmt man die so genannten Eiderdaunen, die sich die Ente aus dem Gefieder zupft, um das Nest zu polstern. Man lässt der Entenmutter jedoch noch so viel Wärmeschutz, dass sie zum Nest zurückkehrt und die Eier ausbrütet. Dieses Bett aus reinen Daunen gewährleistet dem Schläfer eine ausgezeichnete Klimatisierung. Billigere Ausführungen haben stufenweise immer weniger Daunenanteil.

Die Kennzeichnung von Federbetten ist etwas irritierend; so heißt es

- bei 100 % Daunenanteil: Original reine Daunen
- bei mind. 90 % Daunenanteil: Original Daunen
- bei mind. 60 % Daunenanteil: Original fedrige Daunen
- bei mind. 30 % Daunenanteil: Original 3/4-Daunen
- bei mind. 15 % Daunenanteil: Original 1/2-Daunen
- bei mind. 9 % Daunenanteil: Original daunenhaltige Federn.

Achten Sie auf die Bezeichnung!

Eine reine Daune kann noch bis zu 5 % Federn enthalten. Die verwirrenden Bezeichnungen kommen zustande, weil der Anteil an Daunen gewichtsmäßig ermittelt wird. Zum Beispiel sind 15 % Daunen bei «Original 1/2-Daunen» vorgeschrieben – der Rauminhalt dieser 15 % ist etwa so groß wie der der restlichen 85 % Federn; daher der Begriff «Halbdaune». Der Zusatz «Origi-

Einige Firmen achten bei Gänsedaunen inzwischen auch auf artgerechte Tierhaltung (im Bild: chinesische Berggänse).

nal» verweist darauf, dass die Federn und Daunen von der Gans und die Eiderdaune von der Ente stammen. Der Anteil an Hühnerfedern, gebrauchten, gereinigten Federn oder anderen Federn darf noch mindestens 5 % betragen, auch bei der Klassifizierung «rein». Die Kennzeichnungen sind also nie eindeutig.

Ein Argument gegen Federn und Daunen ist, dass Vögel für unseren Wärmeschutz vielfach ihr Leben lassen. Meist sind es Gänse, die in Kanada, Sibirien oder Ungarn zum Verzehr gezüchtet werden (diese Tiere haben dickere Federn und Daunen). Solange Weihnachtsgänse gegessen werden, fallen Federn an, die im Daunenbett Verwendung finden.

Federn aus Lebendrupf?

Eine meiner Meinung nach perverse Praxis ist der so genannte Lebendrupf. Hier werden Vögel bei lebendigem Leibe gerupft und erst hinterher geschlachtet. Mit dieser Tierquälerei gewinnt man ein Produkt für Käufer, die glauben, derartige Federn hätten mehr «Energie» …

Gute Daunenbetten haben eine Lebensdauer von dreißig bis vier-

Nicht für Babys geeignet

Für Kleinkinder sind Federbetten ungeeignet, ja sogar gefährlich! Unter Federbetten sind Kinder schon erstickt, sie können sich nicht befreien, wenn das Federbett über den Kopf rutscht. Bettzeug aus Baumwolle, Wolle und anderen Edelhaaren ist nachgewiesenermaßen genauso warm und lässt Luft durch – hiermit können Sie Ihr Kind beruhigt zudecken.

zig Jahren, wenn man sie, wie jedes Federbett, täglich kräftig ausschüttelt und lüftet. Ein Federbett (1/2-Daune) ist dagegen schon nach zehn bis fünfzehn Jahren verbraucht. Die Daune reibt sich im Laufe der Jahre stark ab; je kräftiger sie ist, umso länger hält sie. Federn trocknen vom Kiel her aus. Im Bettzeug bleibt der Federstaub als Abfall vom Kiel und ist, kombiniert mit Schweiß und winzigen Hautpartikelchen, eine ideale Nahrung für die Hausstaubmilbe. Allergikern muss daher zwingend von Feder- oder Daunenbetten abgeraten werden!

Die Klimatisierung

Unter Federbettzeug mit hohem Federanteil schwitzt es sich stärker als unter Daunen. Die Feuchtigkeit wird von den Federn schlecht aufgenommen, vom Lanolin (Fett) sogar abgewiesen. Nur das Inlett (die Baumwollhülle um die Federn) und der Bettbezug können die Feuchtigkeit aufsaugen. Wer nachts stark transpiriert, sollte daher auf andere Bettware umsteigen.

Feuchtnasse Wärme fördert rheumatische Beschwerden und kann auch auf längere Zeit die inneren Organe schwächen. Die natürliche Aufgabe von Federn und Daunen ist es, die Wärme am Körper der Vögel zu halten. Aus diesem Grund kommt es unter Federbettzeug zu einer hohen Wärmeentwicklung, die nur entweicht, weil der Schläfer nachts einen Arm oder ein Bein aus dem Bett streckt und so für Belüftung sorgt. Wer sich in einem solchen Bett allerdings wohlfühlt, braucht nicht auf andere Materialien umzusteigen.

Federbetten kann man reinigen. Mit Wasserdampf werden die Federn ein- bis zweimal aufgedämpft und später getrocknet. Man

Die Reinigung

sollte sie aber nicht zu oft reinigen lassen, denn das Lanolin, das in den Federn enthalten ist, wird gelöst und legt sich von außen um die Federn herum; die Federn selbst trocknen jetzt noch schneller aus. Nach dem Reinigen finden sich oft Fettkränze von eben diesem Lanolin auf dem Inlett. Die Kränze verschwinden nach geraumer Zeit, das Fett wird von den Federn wieder aufgenommen.

Seit etwa 1991 gibt es die «Biodaune», eine Daune, die nur mit Kernseife und ohne optische Aufheller behandelt wird. Selbstverständlich sind auch die Inletts um diese Biodaunen nicht mit chemischen Substanzen besprüht, die das Durchstechen der Kiele verhindern oder die Baumwolle knitterfrei machen. Die Biodaune im unbehandelten Inlett ist somit eine wirkliche Alternative, besonders dann, wenn auf artgerechte Tierhaltung Wert gelegt wird.

Seide – leicht und warm für den Sommer

Seide schmeichelt der Haut

Seide ist dem Aufbau der Haut sehr nah und hat z.B. einen ähnlichen pH-Wert. Da Seide, anders als Wolle, eine glatte Oberfläche aufweist, wird sie auch von hautempfindlichen Menschen sehr gut vertragen. Sie vermag sogar bereits irritierte Haut wieder zu beruhigen. Seide kann bis zu 40 % ihres Eigengewichts an Feuchtigkeit aufnehmen und klimatisiert daher optimal.

Sie ist elastisch und von großer Reißfestigkeit, doch will sie ständig bewegt werden, da sonst diese Eigenschaften schnell verloren gehen. Grundsätzlich ist Seide schmutzabweisend, nur Flekken sieht man schnell und gut – sogar Wasserflecken! Doch daran sollte man sich bei Bettzeug eigentlich nicht stören, denn das Bettzeug wird von einem aufgezogenen Bettbezug ummantelt – der entsprechend oft gewechselt wird.

Seidenbettzeug ist ideal für die warme Jahreszeit. Von Motten wird Seide gemieden, und im Winter, wenn dieses leichte, luftigwarme Bettzeug gegen warme Winterdecken ausgetauscht wird, fliegen Motten sowieso sehr selten.

Wollene Decken

Ein warmes, pflegeleichtes Oberbett

Die natürliche Kräuselung der Wolle macht Schafschurwolldecken zu einem warmen, pflegeleichten Oberbett. Zusätzlich wird Wolle in einer Kardiermaschine verkräuselt, sodass sie sich zu einem gleichmäßigen Vlies verarbeiten lässt. Hohe Feuchtigkeitsaufnahme (0,3 l Wasser / 1 kg Wolle) machen Wolle zu einer optimalen Bettdecke, insbesondere für Menschen, die stark schwitzen.

Achten Sie beim Kauf von Wolloberbetten darauf, dass sich die Decke gut anschmiegt. Bei einer preiswerten Schafschurwolldecke erleben Sie häufig den so genannten «Blasebalgeffekt»: An einer Seite liegt die Decke etwas hoch und zieht Luft, unter der Decke saugt und zieht es schließlich an allen Enden. Man kann solche Decken auch daran erkennen, dass sie eng abgesteppt und steif sind, da das Vlies weniger reißfest ist.

Verschiedene Wollprodukte

Decken mit Kamelhaarfüllung sind anschmiegsam und warm. Das Haar wird beim Bürsten der Tiere gesammelt und macht etwa 70 % der Füllung aus. Je nach Qualität ist diese Wolle entgrannt, das heißt, die harten Haare der alten Tiere sind herausgesammelt.

Deckentest

Legen Sie Ihren Arm unter die Decke und führen pumpende Bewegungen durch. Schmiegt sich die Decke um Ihren Arm, ist sie gut. Merken Sie die Pumpbewegung mit kaltem Luftzug, dann werden Sie keine Freude mit dieser Decke haben.

Das so genannte «grannenfreie» Kamelhaar stammt meist von Jungtieren.

Das wärmste Haar besitzt die Kaschmirziege. Diese Hochgebirgsziege ist in Tibet, Nepal, China und Indien beheimatet, benannt nach der gleichnamigen Region im nordwestlichen Himalaja und im südlichen Karakorum. Sie liefert die hochwertige Kaschmirwolle. Vielfach wird anstelle von Kaschmir das zwar hochwertige, aber

Kaschmirziegen haben ein dichtes, feines und weiches Fell.

preiswertere Yak-Haar genommen. Qualitativ wäre gegen den Etikettenschwindel nichts einzuwenden, aber es bleibt eine Täuschung, mit der man versucht, die Yak-Wolle salonfähig zu machen.

Merinowolle vom Merinoschaf ist wesentlich stärker gekräuselt als andere Schafwolle und daher auch bauschfähiger, dicker, wärmer und sehr anschmiegsam.

Aus 50 % Wolle und 50 % Torffasern besteht eine Bettdecke, die nach Herstellerangabe «eine gewisse Strahlenschutzwirkung» aufweist. Fühlbar ist, dass diese Decke besonders warm und feuchtigkeitsisolierend ist. Der Torf wandelt Sonnenlicht in langwellige Wärmestrahlen um, weshalb diese Decke besonders Rheumatikern empfohlen wird.

Der Fasertorf ist Nebenprodukt bei der Herstellung von Substraten aus dem Gartenbau und stammt aus Schweden. Dort gibt es 5,5 Millionen Hektar Torfmoorgebiete. Die Herstellerfirma für Torfwolldecken versichert: «Wenn man davon ausgeht, dass diese lebendigen Torfmoore etwa 0,5 mm pro Jahr wachsen, bedeutet das einen jährlichen Zuwachs von 30 Mill. Kubikmetern pro Jahr. Bei einem Torfabbau von zurzeit ca. 2 Mill. Kubikmetern ist der natürliche Zuwachs in Schweden 15mal größer als der Torfverbrauch.» Zahlen sind zwar soweit in Ordnung, man muss sie dennoch relativ betrachten. Der Torf wird immer an bestimmten Stellen abgebaut. Dort wächst dann nichts mehr. Vor allem wächst auch der Torf nicht an, denn hierzu hat das Moor Jahrhunderte gebraucht. Ein weiteres Problem ist die Entwässerung an diesen Stellen, ohne die ein Abbau nicht möglich ist. Hier sind Landschafts- und Naturschutzprojekte gefragt.

Die Verwendung des Torfs für Torfwolldecken kann bei aller Kritik dennoch als problemlos betrachtet werden, denn selbst wenn jeder Europäer eine solche Decke besäße, würde das die Moore nicht zerstören.

Schonende Pflege

Inletts werden mit vielen natürlichen Materialien gefüllt. Wichtig ist, dass Sie sich wohlfühlen. Damit dies auch lange gewährleistet ist, brauchen die Naturmaterialien eine schonende Behandlung. Seifenlauge ist eine Möglichkeit, schonend zu reinigen. Man gibt dem Spülwasser eine Portion Lanolin (Wollfett) zu, um die Rückfettung der Wolle zu erlangen. Genaue Pflegehinweise sind den speziellen Oberbetten beigefügt. Mottenschutz fällt dabei ganz weg.

Übrigens: Solange Sie Textilien im Gebrauch haben, werden sie von keiner Motte befallen. Kritisch wird es dagegen, wenn Sie Ihre Oberbetten über lange Zeit warm und ruhig lagern!

Probleme bei Allergien?

Wer unter einer Hausstauballergie leidet, der hat bei einer wollenen Bettdecke im Allgemeinen keine besonderen Probleme; Naturprodukte sind unbedenklich. Für Allergiker gegen Tierhaare gibt es spezielle Baumwollsteppbetten, die bis 60 °C zu reinigen sind. Schweren Fällen von Hausstauballergikern werden bis heute allerdings die synthetischen Füllungen empfohlen. Dabei liegt die Vermutung zugrunde, dass nur Synthetikfüllungen einen Schutz vor der Hausstaubmilbe bieten, weil diese Bettdecken entsprechend zu reinigen sind.

Vom «Internationalen Woll-Sekretariat», gemeinsam mit der

«Gesellschaft für angewandte und experimentelle Allergienforschung» und dem «Deutschen Teppichforschungs-Institut» wurde jedoch bereits 1988 eine Untersuchung veröffentlicht, die das Gegenteil beweist. 61 Wohnungen wurden auf Milben untersucht, und 18 Wohnungen waren tatsächlich milbenfrei. Man saugte 2.600 m^2 Teppichböden, Teppiche, Matratzen, Polstergarnituren, Ober- und Unterbetten. Das erstaunliche Ergebnis: Nicht das Material ist ausschlaggebend, sondern wahrscheinlich die klimatische Raumbedingung. In Süddeutschland sind mehr Wohnungen milbenfrei als im feuchteren Norddeutschland. Die Aussage «Milben bevorzugen Naturprodukte wie Wolldecken oder Futons» ist nach dieser Untersuchung falsch! Es gibt außerdem Baumwollfaseroberbetten, die eine Maschinenwäsche zwischen 30 und 95 % vertragen – und daher genauso leicht zu reinigen sind wie die so gepriesene Synthetikware.

Alternative Füllungen für Kopfkissen

Alternativ zu Synthetikfasern gibt es außerdem für Kopfkissen eine Latexflockenfüllung, die sehr bequem sind. Orthopädisch sinnvoll sind so genannte Latexschichtkissen mit eingearbeiteter Kopfmulde. Auch diese Kissen sind Allergikern zu empfehlen. Sehr warm und gemütlich sind Dinkelspelzkissen. Man kann die Füllung regelmäßig und günstig wechseln. Es gibt auch Hirsefüllmaterial, das auf eine andere Art sehr bequem ist und sich außerdem hinsichtlich der Temperaturregelung unterscheidet. Beide Füllungen rascheln zwar beim Aufschlagen, sind aber selbst sensiblen Schläfern zu empfehlen, denn wenn man ruht, raschelt ja auch nichts …

Pflege

Geben Sie Ihr Wollbettzeug nicht in die chemische Reinigung! Hier wird auch das Wollfett entzogen. Überdies bleibt ein Rest der verwendeten Chemikalien im Gewebe zurück und belastet den Schläfer und die Raumluft.

Normalerweise brauchen Sie Wollbettzeug nur ausreichend zu lüften. Wenn Sie etwas auf dem Oberbett verschütten, lässt sich der Fleck leicht mit klarem Wasser reinigen. Nach der Nachtruhe nie das Bettzeug in einen Bettkasten legen, sondern erst bei offenem Fenster zurückschlagen.

Neben reinen Gewebetypen werden im Fachhandel auch «Mischtypen» angeboten: Oberbetten aus zwei oder sogar mehr Materialien. Hier entscheidet die genaue Prüfung die Wahl.

Durch Weisheit wird ein Haus gebaut
und durch Verstand erhalten.

Sprüche Salomonis 24,3

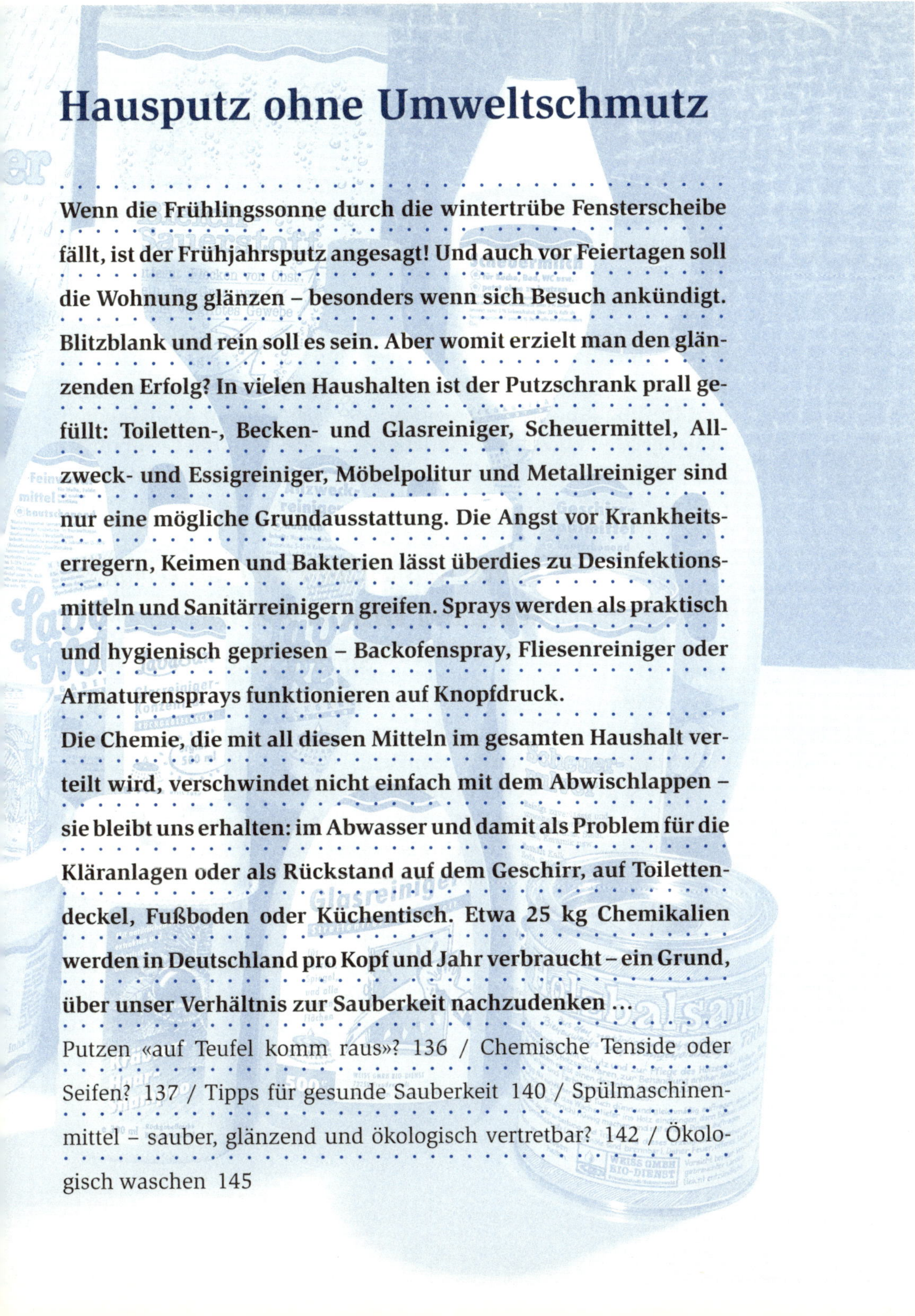

Hausputz ohne Umweltschmutz

Wenn die Frühlingssonne durch die wintertrübe Fensterscheibe fällt, ist der Frühjahrsputz angesagt! Und auch vor Feiertagen soll die Wohnung glänzen – besonders wenn sich Besuch ankündigt. Blitzblank und rein soll es sein. Aber womit erzielt man den glänzenden Erfolg? In vielen Haushalten ist der Putzschrank prall gefüllt: Toiletten-, Becken- und Glasreiniger, Scheuermittel, Allzweck- und Essigreiniger, Möbelpolitur und Metallreiniger sind nur eine mögliche Grundausstattung. Die Angst vor Krankheitserregern, Keimen und Bakterien lässt überdies zu Desinfektionsmitteln und Sanitärreinigern greifen. Sprays werden als praktisch und hygienisch gepriesen – Backofenspray, Fliesenreiniger oder Armaturensprays funktionieren auf Knopfdruck.

Die Chemie, die mit all diesen Mitteln im gesamten Haushalt verteilt wird, verschwindet nicht einfach mit dem Abwischlappen – sie bleibt uns erhalten: im Abwasser und damit als Problem für die Kläranlagen oder als Rückstand auf dem Geschirr, auf Toilettendeckel, Fußboden oder Küchentisch. Etwa 25 kg Chemikalien werden in Deutschland pro Kopf und Jahr verbraucht – ein Grund, über unser Verhältnis zur Sauberkeit nachzudenken …

Putzen «auf Teufel komm raus»?

Überflüssige Inhaltsstoffe

Der Umweltschutz fängt bereits beim Volumen an: Wasser im Reinigungsmittel macht zwar anscheinend «mehr» Inhalt, doch ist dieses überflüssige Füllmittel teuer bezahlt – wer rechnet schon die verbrauchte Energie für Transportwege und die Herstellung und Entsorgung der Verpackungsmaterialien hinzu?

Viele der täglich ausgebrachten Reinigungsmittel enthalten außerdem Inhaltsstoffe, die unter dem Verdacht stehen, Allergien zu fördern. Die den meisten Putzmitteln beigefügten Konservierungs- und Desinfektionsmittel bewirken langfristig genau das Gegenteil des angestrebten Ziels, sie erhalten nämlich nicht die Gesundheit, sondern schwächen diese schrittweise. Andere Inhaltsstoffe wirken da direkter und offensichtlicher: Sie sind ätzend und reizen Haut und Schleimhäute.

Gefahren für Kinder

Von den ökologischen Folgen einmal abgesehen, die die Verwendung solcher Chemikalien mit sich bringt, bergen sie auch eine direkte Gefahr für Kinder. Trotz aller inzwischen vorgeschriebenen Sicherheitsverschlüsse kommt es immer wieder vor, dass kleine Kinder die hochgiftigen, ätzenden Putzmittel trinken oder sich anderweitig verletzen.

Sterile Wohnräume schwächen das Immunsystem

Was allerdings nur wenig bedacht wird, ist die Langzeitwirkung dieser Reiniger. Ein steriler Haushalt, in dem jede Bakterie getötet wird, ist kein natürlicher Lebensraum. Der Mensch ist ein Glied im Gefüge der natürlichen Zusammenhänge; missachtet er die Gesetze der Natur und stellt sich als «Herrscher» über das Leben, so erhält er dafür die Quittung. Ein steriler Lebensraum ist auch für den Menschen gefährlich: Die Immunabwehr wird geschwächt, dafür gibt es inzwischen hinlängliche Beweise. Das Immunsystem will beschäftigt sein. Keime werden ihm vor allem dann gefährlich, wenn es geschwächt ist. Bei sterilen Wohnräumen werden unsere Abwehrkräfte träge – sie haben schließlich nichts mehr zu tun. Möglicherweise richten sich freie Potenziale auch gegen die eigene Gesundheit.

Desinfektionsmittel haben im ökologischen Haushalt keinen Platz. Wirkungsvoll reinigen heißt: gezielt nur die Mittel einsetzen, die auch wirklich verwendet werden. Phosphate, Chlorabspalter und künstliche Tenside kommen in konsequent ökologischen Putzmitteln nicht vor.

Chemische Tenside oder Seifen?

Was ist ein Tensid?

Tenside sind grenzflächenaktive Substanzen, d.h. organische Verbindungen, die sich an Grenzflächen (etwa der Grenze zwischen Schmutzpartikel und Wasser) anreichern und die Oberflächenspannung des Wassers verringern. Dementsprechend sind alle waschaktiven Substanzen Tenside, dazu gehören Waschmittel für Textilien, Spülmittel und Reinigungsmittel ebenso wie die normalen Stückseifen oder Syndets. Ein solches Tensid hat zwei Wirkmechanismen: Ein Teil der Substanz dringt in den Schmutz (größtenteils Fett) ein, während sich gleichzeitig ein wasserfreundlicher «Mantel» bildet, der sich leicht mit Wasser abspülen lässt.

Diese «Grundseife» wird auch «waschaktive Substanz» genannt und findet als Vorprodukt Verwendung in allen möglichen Wasch- und Reinigungsmitteln, die im besten Fall aus natürlichen, umweltverträglichen Substanzen hergestellt wurden.

Die Produktion von Seife

Bis vor hundert Jahren wurde Seife aus Pflanzenöl, Tierfetten und Soda gekocht. Und heute? Seit Soda großtechnisch nach dem Solvayverfahren produziert werden kann, ist Seife ein Billigprodukt. Gesättigte Kochsalzlösungen werden mit Kohlendioxid (CO_2) durchströmt; dabei fällt das schwer lösliche Dicarbonat aus, das erhitzt wird und sich dabei in Soda verwandelt.

Eine alte Diskussion beherrscht seit langem die ökologische Produktion von Wasch- und Reinigungsmitteln: Soll man Seife oder chemische (d.h. synthetische) Tenside einsetzen? Chemische Ten-

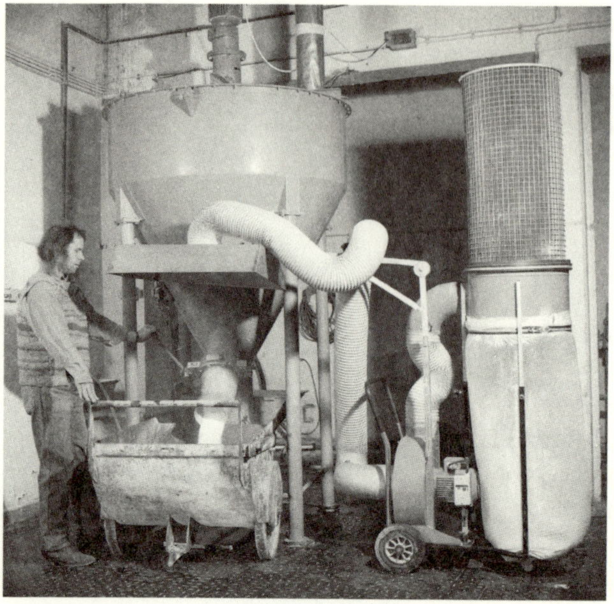

Seifenproduktion bei einem alternativen Hersteller.

side sind großtechnisch hergestellte Produkte, die aus Erdöl und teilweise auch aus nachwachsenden Rohstoffen gewonnen werden. Bei Seifen kommen dagegen nur natürliche Produkte zur Anwendung. Sie sind diejenigen waschaktiven Substanzen, die die geringste Belastung für Mensch und Umwelt darstellen.

Einige alternative Hersteller bieten ein Reinigungsprogramm, das teilweise ausschließlich aus pflanzlichen Fetten und Ölen hergestellt wird, die mit Kalilauge verseift wurden. Am Rande sei hier bemerkt, dass diese Kalilauge, das Natriumpercarbonat, ein großtechnisch hergestelltes Produkt ist – ganz ohne die Hilfe der Chemiekonzerne kommt also auch die alternative Branche nicht aus. Auch nicht alle Hersteller produzieren rein pflanzliche Reinigungsmittel. Manche Firmen beziehen die synthetisch verseiften waschaktiven Substanzen vom Industriekonzern. Für welches Produkt man sich auch entscheidet, eines haben diese beiden Richtungen gemeinsam: Es wird auf alle überflüssigen Substanzen verzichtet, also so wenig Chemie wie möglich eingesetzt.

Ist Pflanzenseife besser?

Ein vielfach verdrängter Gesichtspunkt bei der Gewinnung von Fetten ist die Sozialverträglichkeit. Pflanzenseifen werden oft aus Kokosfett hergestellt. Kokosplantagen, meist auf den Philippinen, stellen hierfür die Rohstoffquelle dar. Die Menschen dort sind jedoch häufig verarmt und arbeiten für Großgrundbesitzer. Die Plantagen drohen außerdem zu überaltern, denn neue Bäume werden kaum angepflanzt. Der ökologische Landbau hat diese Unglücksspirale aufgebrochen. Es wurden Kooperativen gegründet, die nach sozialen und ökologischen Gesichtspunkten eine neue Form des Kokosanbaus durchführen. Abnehmer sind auch hier vornehmlich Lebensmittelfirmen, die Margarine, Brat- und Frittierfette herstellen, schließlich aber auch Waschmittelfirmen – ausnahmslos für Ökowaschmittel; ein sehr geringer Teil der Produktion wird für kbA-Stückseifen verwendet.

Konsequent ökologische Seifenprodukte

Seit wenigen Jahren werden für die Wasch- und Reinigungsmittelherstellung auch Öle aus heimischer Landwirtschaft verwendet, zunehmend aus kontrolliert ökologischem Anbau. Das grundsätzlich simple Prinzip der Verseifung ermöglicht es kleinen alternativen Herstellern, den Verseifungsprozess im eigenen Hause vorzunehmen. Die Produkte sind konzentriert und allergikergeeignet. Sie enthalten weder Duft- noch Konservierungsmittel und beschränken sich aufs Wesentliche. Die Abfüllung in Mehrwegsystemen (Pfandflaschen) stellt aufgrund mangelnder Infrastruktur der Naturkostbranche ein gravierendes Problem dar, wird aber allen finanziellen und technischen Problemen zum Trotz von einigen konsequenten Reinigungsherstellern aufrechterhalten.

Tenside plus …?

Ohne einen weiteren Zusatz ist ein Tensid (ob aus natürlichen oder synthetischen Produkten) aber manchem Schmutz tatsächlich nicht gewachsen. Stark verschmutzte Flächen werden daher mit einem mineralischen Scheuerpulver mit Seifenanteil gereinigt. Das Scheuerpulver wird auf einen feuchten Lappen gegeben und sanft eingerieben. Bei angebackenen Stellen, z.B. auf Herdflächen, lässt man das feuchte Pulver einige Zeit einwirken, damit es den Schmutz aufquillt. Die Kombination eines ökologischen Allzweckreinigers mit einem Scheuerpulver ergibt eine sanfte Reinigungsmilch, mit der man auch empfindliche Oberflächen gründlich säubern kann.

Einen ökologischen Sanitärreiniger erhält man durch Zugabe von Weinessig und Zitronensäuren. Fast alle Oberflächen im und am Haus können mit diesem Mittel hygienisch geputzt werden. Die antibakterielle Wirkung reicht auch bei stark beanspruchten Flächen erwiesenermaßen aus, um schädliche Keime und Bakterien, z.B. im Toilettenbereich, gründlich zu entfernen.

Tipps für gesunde Sauberkeit

- Entrümpeln Sie den Putzschrank. Mehr als fünf oder sechs Produkte brauchen Sie nicht: einen Allzweckreiniger, Glas- und Sanitärreiniger für Küche, Bad/WC und Wohnzimmer, ein Scheuerpulver bei hartnäckigen Problemen, ein Geschirrspülmittel, für Naturhaarteppiche ein Wollwaschmittel und möglicherweise Gallseife für Flecken.
- Vermeiden Sie Abflussreiniger; sie gehören zu den gefährlichsten Haushaltschemikalien. Inhaltsstoffe wie Natron- oder Kalilauge sind ätzend für Haut und Augen. Beugen Sie Verstopfungen mit Abflusssieben vor. Im Notfall hilft die Saugglocke oder der Installationsbetrieb.
- WC- und Sanitärreiniger aus chemischen Substanzen sind überflüssig und gefährlich. Sie sollten nie gemeinsam eingesetzt werden, da sich giftiges Chlorgas bilden kann, das möglicherweise zu Schleimhautverätzungen und Schlimmerem führt. Besser ist es, ganz auf sie zu verzichten. Bad und WC werden auch mit umweltverträglichen Reinigern strahlend sauber.
- Falls Sie sich jetzt von ihren herkömmlichen Abfluss-, WC- und Sanitärreinigern trennen möchten: Alle drei gehören keinesfalls in die Mülltonne! Warten Sie auf ein Umweltmobil, oder fragen Sie den Abfallberater in Ihrer Gemeinde nach Entsorgungsmöglichkeiten. Andernfalls brauchen Sie die Reste sparsam auf.
- Möbelpflegemittel können durch natürliche Öle und/oder Bienenwachs ersetzt werden. Damit ersparen Sie sich das Einatmen von synthetischen Lösemitteln. Für lackiertes Holz und Furnier genügt das Staubtuch oder ein feuchter Lappen, wobei dem Wischwasser eventuell etwas Allzweckreiniger zugefügt werden kann. Vorsicht: Keine Tropfen auf der Holzoberfläche hinterlassen und das lackierte Holz gründlich mit einem fusselfreien sauberen Lappen nachpolieren.
- Desinfektionsmittel gehören in keinen Haushalt, es sei denn, Ihr Arzt rät Ihnen dazu. Was nützt eine keimfreie Wohnung, wenn

hinter der Haustür wieder Bakterien lauern? Das menschliche Immunsystem ist auf eine Auseinandersetzung mit Bakterien und Viren eingestellt.

Umweltfreundliche Reinigungsmittel gibt es inzwischen für alle Belange des Haushalts.

- Verwenden Sie auch umweltverträgliche Putzmittel so sparsam wie möglich. Halten Sie sich an die Dosierungsempfehlungen auf der Packung. Achtung: Häufig sind Bioputzmittel konzentrierter als konventionelle Mittel; lesen Sie daher unbedingt die Anwendungshinweise. Jeder Putzmittelspritzer zu viel ist eine unnötige Umweltbelastung.
- Verwenden Sie – wenn überhaupt – konventionelle Teppichreiniger äußerst sparsam. Reste bleiben immer im Teppich und belasten die Raumluft. Besonders die häufig als Tenside eingesetzten Alkylsulfate sind für Asthmatiker und Allergiker unverträglich. Besser ist es, Flecken sofort mit Gallseife zu entfernen. Die grundlegende Teppichreinigung kann mit einem Bio-Waschmittel im Teppichreinigungsgerät einfach, schnell und sauber geschehen. Bei Wollteppichen gibt man einen Schuss Lanolin (Wollfett) hinzu, damit der Teppich auch nach der Reinigung schmutzabweisend ist.
- Bevorzugen Sie, wo immer es geht, Konzentrate. Die meisten Produkte bestehen zu ca. 80 % aus Wasser. Damit wird Energie und Verpackungsmaterial verschwendet, denn Wasser haben wir ja genug im Haushalt. Kein Abfall fällt bei Mehrwegsystemen an. Lassen Sie Ihre leere Reinigerflasche im Bioladen einfach wieder befüllen.

Spülmaschinenmittel – sauber, glänzend und ökologisch vertretbar?

Die Spülmaschine ist in vielen Haushalten das «fleißige Helferlein» in der Küche geworden, auf das man nur ungern verzichtet. Etwa dreißig Jahre hat es gedauert, bis diese Küchenmaschine den Durchbruch schaffte. Erst die neue, energie- und wassersparsame Generation der Spülmaschine machte sie populär, das Angebot ist heute entsprechend groß.

Umweltfreundlichere Spülmaschinenmittel

Die Wahl des Spülmaschinenreinigers ist mittlerweile ebenfalls einfacher geworden. Aktuelle Testergebnisse handelsüblicher Marken zeigen, dass diese Mittel erheblich umweltfreundlicher geworden sind. Die Marktentwicklung ist mit der von Textilwaschmitteln vergleichbar. Phosphate wurden nahezu gänzlich aus der Liste der Inhaltsstoffe gestrichen. Das ätzende Chlor wird in den meisten Fällen durch einen Chemikaliencocktail ersetzt.

Vorsicht bleibt geboten!

Falsch ist die Annahme, die nicht mehr als ätzend ausgezeichneten Mittel seien harmlos. Auch Spülmaschinenreiniger, die nach heutigen Angaben verharmlosend als «reizend» bezeichnet werden, sind weiterhin mit Vorsicht zu verwenden. Obgleich voreilig das warnende «Andreaskreuz» von den Verkaufsverpackungen verschwand und kindersichere Verschlüsse nicht mehr vorgeschrieben sind, sollte ein direkter Hautkontakt unbedingt vermieden werden. Besonders gefährlich sind diese Mittel, wenn sie von Kindern geschluckt werden! Heute kann man Spülmaschinenreiniger sowohl in Pappschachteln als auch in Kunststoffbehältern kaufen, die von Kindern leicht und gut zu öffnen sind.

Mehr Sicherheit bei Alternativprodukten

Alternative Anbieter achten auf mehr Sicherheit: Im Pfandsystem werden Kunststoffbehälter mit kindersicherem Verschluss angeboten. Die Kindersicherung hat allerdings auch einen gesetzlichen Ursprung. Alternative Spülmaschinenreiniger sind stärker alkalisch, da die in konventionellen Mitteln eingesetzten Enzyme fehlen. Um auf chlorabspaltende Chemikalien verzichten zu

Grundregeln zur sparsamen Dosierung

- kurzes Abspülen von stark verschmutztem Geschirr
- alle Filter, Siebe und Sprühöffnungen mindestens einmal wöchentlich gründlich reinigen
- gezielter Einsatz des Reinigungssystems, entsprechend der jeweiligen Verschmutzung des Geschirrs
- ausreichender Kalkschutz durch funktionierende und gewartete Ionenaustauscher in der Spülmaschine oder eine zusätzliche Wasserenthärtung.

können, wird Natriumpercarbonat als sauerstofffreisetzende Komponente eingesetzt. Diese alternative, phosphatfreie «Chemikalienmixtur» ist allerdings kostspieliger als die konventionelle. Stammt daher die viel zitierte These von den scheinbar so teuren Ökoprodukten? Wenn man einige Grundregeln beachtet, kann man den vordergründig höheren Preis der Produkte durch sparsame Dosierung regulieren.

Die Wasserhärte

Wer in einem Gebiet mit so genanntem Hartwasser lebt (über 8 Grad Deutsche Wasserhärte), muss für die regelmäßige Entkalkung der Spülmaschine sorgen. In Weichwassergebieten (unter 7 Grad Deutscher Wasserhärte) kann man auf den Kalkschutz nahezu verzichten. Der Kalkschutz wird in der Regel durch einen in der Maschine eingebauten Ionenaustauscher mittels Salz erzielt. Hier bieten alternative Hersteller das reine, unvergällte Natriumchlorid an, ohne Zusatzstoffe. Im Übrigen sind Vergällungsmittel im Speisesalz noch ein Überbleibsel aus einer Zeit, da es die Salzsteuer gab (ähnlich wie heute noch beim Alkohol). Die Ionenaustauscher müssen regelmäßig gewartet, d.h. das Salz muss ständig erneuert werden!

Sehr kalkhaltiges Wasser (über 18 Grad Deutsche Wasserhärte) ist für phosphatfreie Spülmaschinenmittel ein nahezu unüberwindbares Hindernis. Hier ist die sorgfältige Pflege der Spülmaschine besonders wichtig. Man merkt an hässlichen Kalkbelägen auf Gläsern und Geschirr, wenn der Ionenaustauscher gewartet werden muss bzw. wenn die eingebaute Entkalkungsanlage versagt. Einzige Hilfe bei scheinbar unüberwindbaren Problemen bietet eine zuverlässige externe Wasserenthärtung (s. S. 178 ff.).

Ein Großteil aller in den Spülmaschinen eingebauten Enthärtungsanlagen ist z.B. defekt (etwa bei alten Modellen) oder einfach nur falsch eingestellt. Normalerweise wird eine Spülmaschine vom Hersteller auf den mittleren Wasserhärtegrad eingestellt. Korrekturen müssen von den Besitzern (oder von einem Fachbetrieb) vorgenommen werden (s. Betriebsanleitung des Geräts).

Die Inhaltsstoffe

Weniger ist mehr, lautet die Devise für Spülmaschinenreiniger, und folglich gibt es einige Inhaltsstoffe, auf die alternative Hersteller völlig verzichten: Polycarboxylate (wegen der hohen Gewässerbelastung), Perborate (diese deklarierten Bleichmittel werden von Fachleuten der konventionellen Branche als «ökologisch günstig» bezeichnet) und das von den Waschmitteln bekannte TAED-System (das den Bleichungsprozess unterstützt). Diese Inhaltsstoffe werden durch Soda und Aktivsauerstoff ersetzt. Ein Bleichmittel kann man bei einigen Herstellern als separaten Baustein erwerben; die meisten alternativen Hersteller haben das Bleichmittel in das Geschirrspülmittel allerdings bereits eingebaut, weil die einzelnen Inhaltsstoffe dieser Spülmaschinenreiniger genau aufeinander abgestimmt sind.

Enzyme

Nachdem man kleine fett- oder eiweißspaltende Enzyme für den Reinigungsprozess zu nutzen wusste, haben diese sich rasant einen sicheren Platz in allen konventionellen Spülmaschinenmitteln erobert. Da sie nicht in direkten Kontakt mit der Haut kommen (sollen!), wird ihre Verwendung auf diesem Gebiet meist als unbedenklich eingestuft. So harmlos diese winzigen «Helferlein» aber tatsächlich in der Anwendung und im Abwasser sein sollen, so umstritten ist ihre Produktion. Enzyme werden in der Regel mittels gentechnologischer Verfahren produziert, die stark im Verdacht stehen, möglicherweise mehr Nach- als Vorteile für das ökologische Gleichgewicht mit sich zu bringen – als kleinste, weitgehend unerforschte «Bausteinchen».

Enzyme werden auch von sehr wenigen alternativen Herstellern eingesetzt. Hier wird die Produktion nach dem klassischen Verfahren vorgenommen: Auf speziellen Nährböden werden die Enzyme durch Bakterien erzeugt, eine Art «Mini-Bakterien-Massenzubetrieb». Auf dem deutschen Markt werden diese Produkte allerdings nicht angeboten, sondern ins Ausland verkauft.

Klarspüler

Klarspüler sollen mögliche Kalkrückstände im letzten Spülgang beseitigen. Die angebotenen alternativen Produkte enthalten vornehmlich Zitronensäure. Von der Verwendung von Essigessenz, die in einigen Haushalten als «Allroundmittel» zum Einsatz kommt, muss abgeraten werden. Essigsäure greift im Laufe der Zeit das Metall und vor allem die Gummidichtungen der Geschirrspülmaschine an.

Alternative Produkte schützen Mensch und Umwelt

Noch ist nicht bekannt, welche Wirkung die Rückstände konventioneller Spülmaschinenmittel auf unsere Gesundheit haben. Es ist allerdings längst eine Binsenweisheit, dass das verträglichste Reinigungsmittel das klare Wasser ist und man möglichst auf unnötige Zusätze verzichten sollte. Überflüssige Chemikalien vermeiden – und wenn Chemie, dann aus Rohstoffen, deren Unbedenklichkeit garantiert wird – ist eine zukunftsweisende Devise.

Ökologisch waschen

Die Gewässerbelastung

Bekanntermaßen sind alle Wasch- und Reinigungsmittel gewässerbelastend – auch diejenigen, die in ihrem Namen die Silben «Bio» oder «Öko» tragen, und auch diejenigen, deren Verpackungen mit Hinweisen wie «der Umwelt zuliebe» oder «zu 99 % biologisch abbaubar» gekennzeichnet sind. Bei nüchterner Betrachtung kann es allein darum gehen, wie sich die Gewässerbelastung durch Wasch- und Reinigungsmittel auf ein Minimum reduzieren lässt. In Zeiten ständig zunehmender Allergien gewinnt daneben auch die Forde-

Gesundes Wasser – die Lebensgrundlage des Menschen

rung nach Hautverträglichkeit mehr und mehr an Bedeutung. Grundsätzlich lässt sich das Problem der Gewässerbelastung aus unterschiedlichen Perspektiven betrachten, wobei die Summe der Erkenntnisse zu einem Waschmittelkonzept führen sollte, das in der Lage ist, bei minimaler Gewässerbelastung gute Waschergebnisse zu erzielen.

Heute verwendet man in der Regel Waschmittel auf Basis von Nichtseifentensiden. Leider sind diese Tenside nicht immer haut- und umweltfreundlich. Führen wir uns vor Augen, dass konventionelle Vollwaschmittel eine Vielzahl von Chemikalien enthalten, die bei unterschiedlichsten Bedingungen stets optimale Waschergebnisse erreichen. Wir kommen sehr bald zu der Erkenntnis, dass je nach Anwendungsfall eine Reihe dieser Chemikalien vollkommen ungenutzt in die Gewässer gelangt. Vollwaschmittel enthalten z.B. bis zu 35 % Bleichstoffe. Diese werden bis zu Temperaturen von 60 °C nach Möglichkeit stabil gehalten, damit sie nicht die bunten Textilien nach und nach entfärben. Zum Einsatz kommen die Bleichstoffe hauptsächlich im so genannten Kochwaschgang, wo es darum geht, weiße Textilien von Schmutz und Farbstoffen wie Rotwein, Tee oder Kaffee zu befreien.

Bleichstoffe

Unter dem Aspekt, dass der Anteil der Weißwäsche in den letzten Jahren auf etwa 20 % zurückgegangen ist, erscheint es fraglich, ob denn Waschmittel grundsätzlich Bleichstoffe enthalten sollten, zumal die Weißwäsche unter Umständen nicht jedes Mal gebleicht werden muss. Einzelne Flecken lassen sich mit geeigneten Mitteln gezielt behandeln.

Es erweist sich also als sinnvoll, Bleichstoffe aus den Vollwaschmitteln herauszunehmen und im Bedarfsfall separat zu dosieren. Das führt in durchschnittlich mehr als 80 % aller Waschgänge zu einer Reduzierung der Waschmittelmenge um etwa ein Drittel! Wer nicht auf Bleichmittel verzichten möchte oder kann, weil der strahlend weiße Kittel zur Berufstracht gehört, kann auf das umweltfreundliche Percarbonat zurückgreifen.

Die Waschrohstoffe

Waschaktive Substanzen setzen, wie erwähnt, die Oberflächenspannung des Wasser herab. Das Wasser kann so die Wäschefaser vollständig benetzen. Schmutz wird mit Hilfe elektrisch geladener Moleküle entfernt. Sind sich Produzenten und Anbieter von Wasch- und Reinigungsmitteln, Verbraucher- und Umweltberatungen sowie die Medien bezüglich des waschmittelsparenden und gewässerentlastenden Baukastenprinzips auch weitgehend einig, so teilt sich die Meinung der Branche, wenn es um die Wahl der geeigneten Waschrohstoffe geht.

Synthetische Tenside kontra Seife lautet der immer währende Diskussionspunkt (s. oben). Wenngleich aus Richtung der Großindustrie und auch von einigen kleinen alternativen Herstellern immer wieder propagiert wird, welchen Segen uns die moderne Waschmittelindustrie mit einer Reihe von synthetischen Substanzen beschert, bleibt dennoch festzuhalten, dass die reinen Seifen diejenigen waschaktiven Substanzen sind, von denen die geringste Belastung für Mensch und Umwelt ausgehen. Bei Seifen handelt es sich um Tenside aus Ölen und Fetten mit negativer Ladung; man nennt sie auch «anionische» Tenside.

Alternative Waschmittelhersteller haben sich für waschaktive Substanzen aus vorwiegend pflanzlicher Herkunft entschieden. Geeignet sind Sonnenblumenöl, Kokosfett, Palmfett, Sojaöl, Rapsöl und Rizinusöl.

Auch in der chemischen Industrie werden anionische Tenside verwendet. Hier kommen jedoch auch tierische Fette zur Verkochung. Leider gibt es keine «Naturwaschmittel-Definition», sodass Verbraucher leicht durch Werbeaufschriften irritiert werden können – z.B. bei der Deklaration «aus nachwachsenden Rohstoffen».

Gerne verwenden Waschmittelproduzenten das so genannte Zuckertensid, das in einem schwierigen Herstellungsprozess aus Kokosöl und Zucker gewonnen wird. Solche Substanzen nennt man «nichtionische» Tenside. Nichtionische Tenside sind allesamt wasserhärteunempfindlich. Zuckerrüben aus kontrolliert biologischem Anbau (kbA) werden hierfür bislang nur selten verwendet. Häufig greift die Industrie auf nichtionische Tenside aus Kokosöl zurück, die dann als Fettalkoholethoxylate deklariert sind. Diesen Tensiden wurde an den aktiven Teil noch ein kurzer «Schwanz» aus Erdöl angehängt. Es handelt sich folglich nicht um ein tatsächlich pflanzliches Tensid.

Die Fischgiftigkeit

Für die Situation in den Gewässern sind das Abbauverhalten sowie die Fischtoxizität der Waschsubstanzen von besonderer Bedeutung. Die Fischtoxizität wird als LC50 angegeben. LC50 ist die Konzentration, bei der von 100 Fischen 50 Tiere innerhalb von 24 Stunden sterben. Zur Veranschaulichung: Ein LC50-Wert von 5 mg/l bedeutet, dass bei einer Konzentration von 1 Teil Tensid auf 200.000 Teilen Wasser 50 von 100 Fischen innerhalb von 24 Stunden verenden.

Abbau der Waschsubstanzen

Beim Abbau der Waschsubstanzen ist nicht allein der Zeitraum entscheidend, wichtige Kriterien sind auch, wo dieser Abbau stattfindet und zu welchen chemischen Stoffen sich die ursprünglichen Substanzen während des Abbauprozesses verwandeln. Alle Substanzen, die in den Gewässern abgebaut werden, entziehen bei diesem Prozess dem Wasser Sauerstoff. In den Kläranlagen wird unter hohem Energieaufwand Sauerstoff in die Abwässer gequirlt, wobei leichtflüchtige FCKWs (Fluorchlorkohlenwasserstoffe) in die Atmosphäre entweichen. In ungeklärten Gewässern kann Sauerstoffknappheit entstehen. Weil jeder Stoff im Waschmittel so reagiert, sollten unnötige Füllstoffe, wie z.B. Molke, auf jeden Fall im Waschmittel vermieden werden.

Seife wird in Form von Kalkseife in der Kläranlage vollständig eliminiert. Der Abbau der Seife findet somit weitgehend im Klärschlamm und nicht in den Gewässern statt. Der Abbau *synthetischer Tenside* ist dagegen größtenteils noch ungeklärt. Bekannt ist, dass

aus einigen Tensiden während des Abbaus so genannte Metaboliten entstehen, deren Fischtoxizität die der Ausgangsprodukte um ein Mehrfaches übersteigt. Bekannt ist weiter, dass sich einige Tenside in den Organismen von Fischen anreichern. Außerdem wird befürchtet, dass sich die in den Standardwaschmitteln enthaltenen anionischen Tenside, die auch im Weichspüler enthalten sind, zu quasi nicht mehr abbaubaren Verbindungen verwandeln.

Im Vergleich hierzu verläuft der Abbau von Seifen auch in nichtgeklärten Abwässern nahezu unproblematisch, handelt es sich bei den Seifen doch im Grunde schon um ein Abbauprodukt aus den zur Produktion verwendeten Fetten. Fettstoffe, wie wir sie in Seife und Kalkseife finden, kommen als Bestandteile auch in lebenden Zellen vor. Die Substanzen sind der Natur somit bekannt. Eine nachteilige Wirkung auf Abwässer und Trinkwasser wird daher nicht erwartet.

Die Gewässerbelastung durch nicht abbaubare Tenside ist ein ernstes Problem.

Verbesserte Seifenprodukte

Kommen wir auf die obige Fragestellung zurück: Empfiehlt sich ein Seifenwaschmittel oder ein Waschmittel mit synthetischen Tensiden? Eine viel zitierte Kritik an den Seifenwaschmitteln lautet, es müsse bei der Verwendung erheblich mehr organisches Material zum Einsatz kommen als bei der Verwendung synthetischer Tenside. Obendrein blieben die mit Seife zu erzielenden Waschergebnisse deutlich hinter denen der Tensidwaschmittel zurück. Seife brauche außerdem mehr Energie für den Wascherfolg.

Dass diese Kritikpunkte nicht zutreffen, geht zum Teil aus einem Diagramm hervor, das die EMPA (Eidgenössische Materialprüfungs- und Versuchsanstalt) St. Gallen, Schweiz, bereits 1988 erarbeitete. Dieses Diagramm beschreibt Waschversuche mit Testgeweben, die mit einer Mischung aus Ruß und Mineralöl verschmutzt wurden. Die Waschtemperatur lag bei 60 °C, die Wasserhärte bei 250 ppm CaCO3 (= 14 °dH). Der Versuch kann das Vertrauen in die modernen Seifenprodukte wecken. Denn diese haben sich verbessert und wurden heutigen Bedingungen angepasst. Weiterhin wurden die Waschmaschinen verbessert, und die Wasseraufbereitung ist inzwischen in vielen modernen Häusern Standard.

Im Versuch lassen sich mit Seifenbaukastensystemen annähernd die gleichen Waschergebnisse erzielen wie mit einem Standardwaschmittel. Bei der Verwendung von Seife kommt es in erster Linie darauf an, Kalkseifenbildung in der Waschlauge zu verhindern. Solange sich Härtebildner im Wasser befinden, reagieren diese mit den Seifen und bilden schwer lösliche Kalkseifen. Diese Kalkseifen besitzen keinerlei Waschkraft. Mit ihrer Entstehung gehen also große Teile der Waschkraft verloren. Sollte man in Hartwassergebieten tatsächlich mehr Seifenwaschmittel dosieren, um brauchbare Waschergebnisse zu erzielen? Nein, dieser Weg funktioniert nicht. Die Enthärtung des Wassers ist der Schlüssel zum Erfolg.

Die Wasserhärte

Die Wasserhärte hat einen großen Einfluss auf die Waschwirkung von Tensiden und damit auch auf die Waschmittelkosten, den Waschmaschinenverschleiß und die Umweltbelastung. Mengenmäßig bedeutend sind in Vollwaschmitteln deswegen auch Stoffe, die dazu dienen, die Wasserhärte zu reduzieren. Da aber die Wasserhärte regional stark schwankt, müssen dem Waschwasser je nach Gebiet mehr oder weniger große Mengen dieser Stoffe zugesetzt werden, um z.B. das Verkalken der Heizstäbe zu verhindern. In Gegenden mit weichem Wasser kann eventuell ganz auf enthärtende Zusätze verzichtet werden.

Eine Auswahl der eingesetzten Substanzen ist bei der Verwendung von Vollwaschmitteln nicht möglich, da ja bereits alle Chemikalien quasi untrennbar miteinander vermischt sind. Das bedeutet, dass in Gegenden mit hartem Wasser von dem gesamten

Vollwaschmittel möglicherweise die Menge höher dosiert werden müsste, damit sich im Waschwasser eine ausreichende Menge des Enthärters befindet, während in Weichwassergebieten völlig überdosiert wird.

Baukastensysteme sind sinnvoll

Beim Waschen von bunten Textilien in hartem Wasser würden wir Bleichstoffe, die wir ohnehin nicht benötigen, unter Umständen in doppelter Menge dosieren. Demnach ist das Aufteilen der Vollwaschmittel in einzelne Bausteine ein entscheidender Schritt zu geringerer Gewässerbelastung.

Die Enthärtung des Wassers stellt uns aber vor keine nennenswerten Probleme. Die Lösung ist simpel: Bis in den Härtebereich 3 hinein hat sich Zeolith bewährt. Dieser mineralische Enthärter kann entsprechend der Wasserhärte dosiert werden. Weiterhin kann eine externe Wasseraufbereitung genutzt werden (s. unten, S. 178 ff.), denn wenn es ein Problem mit der Wasserhärte gibt, betrifft es schließlich nicht nur die Waschmittel, sondern auch die Waschmaschine und sämtliche Haushaltsgeräte, die mit Wasser in Berührung kommen, von der Spülmaschine über den Boiler bis zur Kaffeemaschine oder den Teekessel – ganz abgesehen davon, dass Tee und Kaffee viel Geschmack durch Hartwasser einbüßen.

Seife – ein Energieverschwender?

Ein inzwischen eher selten vorgetragener Kritikpunkt war früher, dass Seife ein Energieverschwender sei, da das Waschen mit einem Seifenwaschmittel größere Temperaturen brauche. Dieser Vorwurf war lange Zeit nur schlecht von der Hand zu weisen, zumal Kernseife, wie sie im handelsüblichen Baukasten enthalten ist, sich nur langsam bei Temperaturen von 30 und 40 °C auflöst. Ein Großteil des in der Maschine eingebauten Waschprogramms war bei Versuchen bereits verstrichen, bis sich die Kernseife gelöst und ihre Waschkraft entfaltet hatte. Teilweise mussten sogar ungelöste Seifenrückstände auf den Textilien hingenommen werden.

Wären Seifenwaschmittel der heutigen Generation auf diesem Stand der Entwicklung, würde es sicherlich kaum noch ein Seifenwaschmittel auf dem Markt geben. Seife ist eben nicht gleich Seife. So wurde flüssige Seife speziell für das Baukastensystem entwickelt, die sich gut bei Niedrigtemperaturen löst und somit ihre volle Waschkraft entfaltet. Wenn man nun berücksichtigt, dass diese flüssigen Seifenwaschmittel aus heimischen Ölsaaten von kleinen Herstellern, unabhängig von der Großindustrie, gefertigt werden, so stellen diese Produkte in vielerlei Hinsicht eine sinnvolle Alternative dar.

Die Hautverträglichkeit

Zunehmende Unverträglichkeiten gegenüber vielen Inhaltsstoffen in konventionellen Waschmitteln stellen immer mehr Menschen vor die Frage nach einem geeigneten hautverträglichen Waschmittel. Zugegebenermaßen werden eingetrocknete Eiweißflecken leichter mit den speziell für diesen Zweck kultivierten Enzymen entfernt. Die optischen Aufheller lassen ein Textil auch erheblich strahlender erscheinen: der berühmte «Weißer-als-weiß-Effekt». Und schließlich ist vielen Verbrauchern der typische Waschmittelduft lieb geworden, der vor allem in Weichspülern enthalten ist und aus kationischen Tensiden und synthetischen Duftstoffen besteht. Doch ist leider auch bekannt, dass die genannten Stoffe bei sensiblen Personen unter Umständen Hautreizungen und Allergien hervorrufen können.

Auf optische Aufheller möglichst verzichten

Die Verwendung eines Seifenwaschmittels im Baukastensystem ist daher auch in diesem Fall eine gesunde Alternative. Die Hersteller dieser Waschmittel verzichten auf alle genannten Zusätze: auf Enzyme, Duft- und Konservierungsstoffe, synthetische Aufheller und vieles mehr. Kurz erwähnt sei, dass optische Aufheller, die den «Gilb» bekämpfen, die Wundheilung verzögern. Sie dürfen bereits seit 1954 nicht mehr in Wundtextilien enthalten sein, weil sie die Blutgerinnung verhindern. Auch die Umwelt kämpft mit diesen Aufhellern, die sich schließlich wieder in der Nahrungskette anreichern und zum Menschen zurückkehren – warum sollten sie im Waschmittel enthalten sein, wo doch die Wäsche täglich auf die Haut gelangt?

Zusammengefasst: Bei der Gegenüberstellung der ökologischen Eigenschaften von Seifen und synthetischen Tensiden sind also den Seifen günstigere Eigenschaften zuzuschreiben. Wer die Bausteine eines umweltschonenden Waschmittelbaukastens gezielt einzusetzen weiß, wird die Vorteile der Seifenwaschmittel bald schätzen lernen. Insbesondere Hausbesitzer, die einen geschlossenen Wasserkreislauf für Gebrauchtwasser betreiben und an diesen auch die Waschmaschine anschließen wollen, haben keine andere Wahl außer der Verwendung eines gut abbaubaren reinen Seifenwaschmittels.

Die Flöhe und die Wanzen
Gehören auch zum Ganzen.
Johann Wolfgang Goethe

Wenn Motten hotten …
Ökologische Schädlingsbekämpfung

Tiefkühlkost und Fertiggerichte sind nahezu sicher vor Lebensmittelschädlingen. Auch moderne Fasern aus Synthetik bieten den kleinen Faltern – den Motten – keinen Hort mehr. Umgeben wir uns aber mit natürlichen Produkten und ernähren uns vollwertig, müssen wir auch damit rechnen, dass wir möglicherweise von solchen Haushaltsschädlingen besucht werden. Denn organische Stoffe wie Holz, Wolle, Leder, Felle, sogar Bücher und besonders Lebensmittel werden nicht nur vom Menschen geschätzt, sondern sind auch Nahrung und Nistplatz für vielerlei Getier. Wenngleich die meisten Insekten nicht so schädlich sind, wie vielfach vermutet wird, so sollte man bei einem ernsthaften Befall unbedingt die geeigneten Maßnahmen treffen. Dabei kommt es allerdings häufig vor, dass sich die durchgeführte Bekämpfungsmethode als gesundheitsschädlicher erweist, als das bekämpfte Insekt jemals hätte sein können. Es gilt daher, das richtige Maß zu finden.

Welche «Gäste» suchen uns heim?

Schädlinge können uns in jedem Wohn- und Lebensraum begegnen. Auf die Beschreibung ihrer Wesensart und den Umgang mit ihnen geht die Fachliteratur in vielen umfangreichen Werken ein. Wichtig ist für den Betroffenen zunächst, zwischen Nützlingen und Schädlingen zu unterscheiden und weiterhin den Grad der Gefahr auszukunden, der von einem Schädling ausgehen kann. Wirklich gefährlich werden dem Menschen in unseren Breiten nur sehr wenige Insekten.

Die Pharaoameise

Die *Pharaoameisen* zählen zu diesen gefährlichen Schädlingen, weil sie sich als Allesfresser in unseren beheizten Räumen auch bevorzugt von Aas und keimübertragender verdorbener organischer Substanz ernähren. Im schlimmsten Fall greifen diese ursprünglich aus Indien eingeschleppten kleinen Ameisen den Menschen selbst an. Vor allem hilflose und kranke Personen sind stark gefährdet: zum einen durch die schmerzhaften Stiche, zum anderen durch die Übertragung von Krankheiten (Pharaoameisen können u.a. Milzbrand, Typhus und Tuberkulose verbreiten).

Die Zecke

Weiterhin ist die *Zecke* als gesundheitsschädlich einzustufen, da sie immer häufiger als Überträger der gefährlichen Hirnhautentzündung und der Borreliose auftritt. Sie kommt vornehmlich in der freien Natur vor, wird aber in den Wohnraum eingeschleppt und kann auch von hier aus ihr Opfer angreifen. Die auch als «Holzbock» bekannte Zecke vermehrt sich aber nicht im Wohnraum.

Der Hausbock

Indirekt kann ein relativ großer Käfer dem Menschen gefährlich werden: der *Hausbock* oder *Bockkäfer*. Er legt seine Larven in Holz, vornehmlich in Nadelholz. Bevorzugt junge Hölzer dienen dem Käferweibchen als Ort für die Eiablage. Bis zu vierhundert Eier legt es tief in Risse und Spalten des Holzes. Die Larven, die wenige Wochen später schlüpfen, fressen sich jahrelang unbemerkt tief in die Balken ein (unter schlechten Bedingungen bis zu zehn Jahre lang). Oft entdeckt man einen Befall erst, wenn die Fluglöcher der Puppen an der Holzoberfläche sichtbar sind. Denn damit der spä-

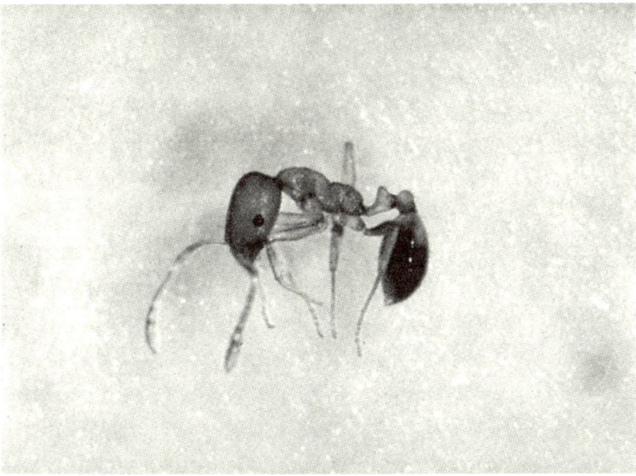

Die Pharaoameise (Monomorium pharaonis)

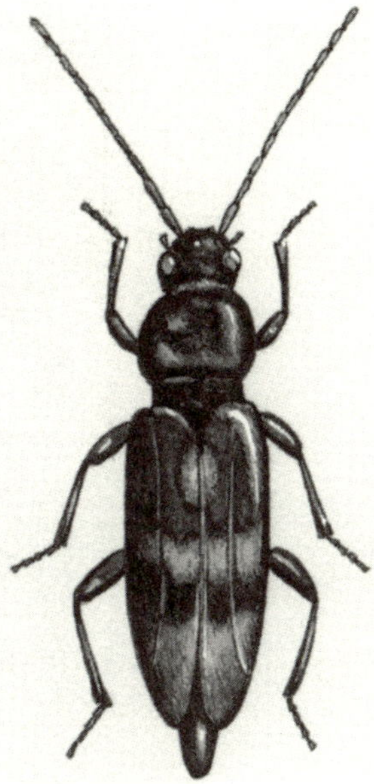

Der Hausbock (Hylotrupes bajulus)

tere Käfer ans Tageslicht gelangen kann, fressen die Larven ein Flugloch ins Holz, bevor sie sich zur Puppe verwandeln. Von Fachleuten wird empfohlen, Dachbalken oder die Balken an der Südseite von Fachwerkhäusern oder Holzhäusern von allen Seiten regelmäßig abzuklopfen. Bei Schädlingsbefall klingt das Klopfgeräusch dumpf. An warmen Tagen kann man die Fressgeräusche der Larven auch hören. Eine Bekämpfung ist unumgänglich und muss sofort erfolgen. Weiterhin ist der Befall der Bauaufsichtsbehörde zu melden. (Siehe auch unten, S. 166 f.)

Haushalts-schädlinge nicht unterschätzen!

Allzu große Tierliebe hat schon für wahre Alpträume gesorgt. Haben Schädlinge – ob Motten, Schaben oder Ameisen, Mäuse oder der gefürchtete Hausbock – erst einmal Einzug gehalten, gibt es für manche ein böses Erwachen. Die Larven der Kleidermotten können den Großteil der Winterkleidung zernagen, und aus der Küche sind die nahen Verwandten der kleinen Nachtfalter, die Getreide- oder Dörrobstmotten, kaum noch zu entfernen. Wer das Potenzial der Haushaltsschädlinge unterschätzt, wird mit Schre-

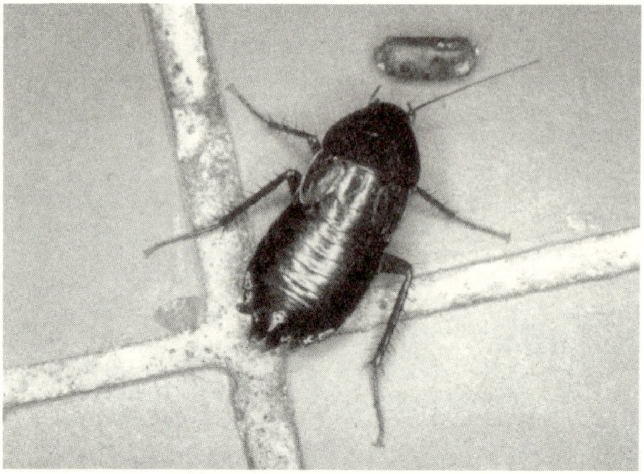

cken feststellen, dass sich ihre Larven irgendwann in jedem Tee, in jedem Gewürz, in sämtlichen Getreidesorten und sogar im natürlichen Füllstoff des Eckbankbezugs tummeln.

Die Küchenschabe (Blatella orientalis).

Dabei hat der Befall nichts mit Hygiene zu tun. Küchenschaben gehören z.B. zu den Schreckgespenstern und werden fälschlicherweise häufig mit Unreinheit in Verbindung gebracht. Dabei werden sie in der Regel, wie die meisten Schädlinge, mit den Lebensmitteln eingeschleppt. So kommt die Orientalische Schabe im Reisegepäck oder auf importierten Südfrüchten als «blinder Passagier» zu uns. Die wesentlich kleinere Deutsche Schabe findet einen geradezu idealen Wohnraum in den Leitungs- und Rohrsystemen der großen Häuser. Hier kommt auch kaum noch ein so genannter «Kammerjäger» (zum Kammerjäger s. unten, S. 165) dem regen Treiben auf die Spur. Es gibt über vierhundert Schabenarten und nahezu für jedes organische Gewebe und Nahrungsmittel einen speziellen Schädling.

Gift gegen Schädlinge?

Wer auf ungespritzte Lebensmittel schwört, verzichtet damit auf viele Gifte, die zwar die Schädlinge vernichten, aber über die Nahrungskette auch im menschlichen Organismus gespeichert werden. Eine Raupe im Salat ist für manche Menschen ein Graus; andere freuen sich darüber, weil sie die ökologische Reinheit der Feldfrucht in dieser Raupe sehen: Wo eine Raupe leben kann, ist das unsichtbare Gift der Agrarindustrie fern. Was ist schlimmer: das Gift, das die Raupe tötet, oder die Raupe selbst? Diese Frage muss jeder für sich selbst beantworten.

Doch wenn auch viele Insekten durch Genuss von insektizidbehandelten Lebensmitteln abgetötet werden, garantiert insektenfreie Produkte erhält man durch diesen brisanten Umgang mit

Giften nicht. Die Nahrungsmittelschädlinge kommen in konventionellen Waren aus dem Supermarkt ebenso vor wie in Bioprodukten. Die Behandlung von Lebensmitteln mit Giften schadet daher in erster Hinsicht dem Menschen, der die aufgenommenen Gifte im Fettgewebe speichert.

Nicht mit Kanonen auf Spatzen schießen

Welcher Quälgeist auch immer sein Unwesen im Haushalt treibt: bis auf wenige Ausnahmen ist ein Schädlingsbefall schnell behoben. Doch auch hier sollte man nicht mit Kanonen auf Spatzen schießen. Wer seine Wohnräume mit hoch wirksamen Langzeitgiften behandelt, wird diese synthetischen «Geister» so schnell nicht wieder los. So hat sich z.B. eine «Interessengemeinschaft der Holzschutzmittelgeschädigten e.V.» in Engelkirchen zusammengeschlossen; sie vertreten immer mehr Personen, die durch moderne Pyrethroide (synthetische Insektizide) geschädigt wurden. Bedachtsamer Umgang mit möglichst natürlichen, d.h. abbaubaren Giften und vor allem die Vorbeugung gegen einen möglichen Befall schützen vor häufig lebenslangen Gesundheitsschäden.

Vorbeugemaßnahmen

Vorbeugemaßnahmen

Es gibt geeignete Maßnahmen, die den Befall eines Produkts von einer Schädlingsinvasion weitgehend verhindern. Sollte der Befall eines Lebensmittels kurz nach dem Kauf bemerkt werden, ist die Sachlage noch unkompliziert: Man bringt die Tüte in den Laden zurück und reklamiert die Ware. Für den Einzelhändler sind solche Hinweise wichtig, denn häufig findet der Insektenbefall schon kurz nach der Abfüllung statt. In einem feuchtwarmen Sommer müssen Landwirte, Groß- und Einzelhändler enorme Anstrengungen unternehmen, die rege Vermehrungslust der Natur auf diesem Sektor zu bremsen.

- Die richtige Vorratshaltung ist wichtig. Lebensmittel sollten grundsätzlich dunkel, kühl und gut gelüftet gelagert werden.
- Gut verschließbare Gefäße für Getreide, Gewürze und andere Vorräte verhindern, dass die geflügelten Unholde ihre Eier in den Vorräten ablegen können.
- Größere Getreidevorräte können in speziellen Getreidesäcken aufbewahrt werden. Vom Fachhandel werden auch Getreidespeicher angeboten. Diese Behälter sind aus Glas oder haben ein großes Glasfenster.
- Die Vorräte sollten regelmäßig bewegt werden, z.B. im Glas schütteln oder das Getreide mit der Hand in den Säcken verrühren.
- Bewegen Sie ihre Vorräte regelmäßig, lagern Sie nicht zu viel ein. Auch Textilien sollten ab und zu gewendet und gelüftet werden.

Den Vorrat ins Tiefkühlfach stellen

Sollten Sie dennoch nach einer Weile beobachten, dass sich etwas in Ihrem Vorrat bewegt, oder finden Sie «angefutterte» Körner, handelt es sich möglicherweise um einen geringen Befall. Die einfachste Lösung bei minimalem Insektenbefall von Getreide oder Kräutern: Stellen Sie den Vorrat für einen Tag ins Tiefkühlfach. Getreidemotten oder Kornkäfer sind nämlich in unseren Breitengraden nicht heimisch und können daher nur im Sommer überleben. Im Winter kennt man das Problem deswegen nicht. Die Eier und Larven brauchen ebenfalls eine frostfreie Umgebung. Die Kühlung unter den Gefrierpunkt beseitigt folglich das Problem grundsätzlich.

Ein Fliegengitter gegen Motten

Sobald die Tage länger und wärmer werden, kann man die kleinen Falter um die Küchenlampe kreisförmig flattern sehen. Sie sind möglicherweise durch das offene Fenster der Lichtquelle gefolgt. Ein Fliegengitter verhindert den Zuflug zuverlässig. Besonders vor den Küchenfenstern sollte man bereits im Frühjahr eine Fliegengaze anbringen. Damit schützt man möglicherweise auch harmlose Nachtfalter vor der Fliegenpatsche, denn nur wenigen Fachkundigen ist es möglich, eine Getreidemotte von einem anderen kleinen braunen Falter zu unterscheiden.

Wer allerdings eine Lebensmittel- oder Kleidermotte im Zimmer hat, sollte sofort handeln. Lassen Sie keine Gnade walten: Fangen Sie das Tier sofort ein, es vermehrt sich ansonsten rasant! Nach der Eiablage kann eine wahre Invasion von Mottenlarven über Getreide, Kräutertees, Gewürze, Babynahrung, Flocken oder die natürliche Polsterung von Matratzen und Möbeln herfallen.

Vertreiben geht vor Bekämpfen

Wer lebt schon gern in einer Umgebung, die stinkt? Glücklicherweise empfindet die menschliche Nase manche Gerüche als angenehm, die für viele Schädlinge einen unüberwindbaren Gestank darstellen. Lavendel und das heimische Zedernholz gehören zu diesen vertreibenden Düften. Einige Tropfen des reinen Lavendeldestillats (preiswert ist Lavandin aus der Haute Provence) im Wischwasser wirken Wunder. Man kann die Wohnung und die Schränke damit hygienisch reinigen, der Duft wirkt für Fliegen und Motten überaus abstoßend. Ebenso reagieren die Kleidermotten auf das echte Arvenöl der Zirbelkiefer. Ein Säckchen mit Lavendelblüten oder fein gehackten Blättern des Patchoulistrauchs bzw. mit einigen Tropfen des reinen Laven-

Oben: Die Dörrobstmotte (Plodia interpunctella) / Unten: Die Mehlmotte (Ephestia kuehniella)

Die Kleidermotte (Tincola bisselliella Hum.)

deldestillats wird zwischen die Kleidung gelegt. Ab und zu wird das Duftkissen aufgefrischt – ein sicherer Schutz, der keinerlei gesundheitliche Risiken birgt.

Auch die Behandlung hölzerner Kleiderschränke ist möglich, indem man das reine ätherische Öl mit etwas Bienen- oder Carnaubawachs mischt und in die Innenseiten und Zwischenbretter der Schränke einreibt.

Insekten haben eine typische Art, sich «unsichtbar» zu machen. Nicht zuletzt ist ihr Vertreiben deswegen so schwierig. Kleine Risse, Fugen oder Spalten, kleinste Unebenheiten werden gern von diesen ungebetenen Gästen heimgesucht. Die Maden der verschiedensten Insektenarten können hier ungestört reifen.

Ökologische Insektenbekämpfung

Ein beliebter Aufenthaltsort von Schädlingen sind Zwischendecken, Wandverkleidungen oder -vertäfelungen aller Art. Biologisches Isoliermaterial begünstigt die Vermehrung; der komplizierte Ausbau der Verkleidung oder Einbauwand macht eine gezielte Insektenbekämpfung notwendig.

Leichtere Fälle

Die Holzvertäfelung wird durch kleine Bohrungen an einer «unsichtbaren» Stelle angestochen, und zwar überall dort, wo Holzleisten eine Sperre bilden. Jeder Deckenzwischenraum muss erfasst werden. In die Hohlräume wird nun eine kräftige Mischung aus mit Wasser verdünnten ätherischen Ölen gesprüht. Hierzu eignen sich z.B. Lavendelöl oder fertige Mischungen zur Insektenvertreibung, die der Naturwarenfachhandel anbietet. Die Insekten werden durch diese «Geruchsbombe» aus ihren Verstecken gescheucht. In der Zwischenzeit ist in der Küche eine Hormonfalle (Pheromon-Falle) aufgestellt worden. In größeren Räumen werden zwei oder mehr dieser Lockfallen installiert. Pheromone sind Lockstoffe. Die Fallen strömen weibliche Sexuallockstoffe der jeweiligen Insektengattung aus. Männliche Insekten steuern diese Signale an und werden in den Fallen gefangen. Wichtig ist, dass die Fenster verschlossen bleiben oder mit einer Fliegengaze gegen Neuankömmlinge von draußen gesichert sind. Die Hormonlockstoffe locken selbstverständlich nicht nur Tiere an, die sich im Wohnraum befinden.

Die Vertreibung wird nach fünf Tagen und nochmals nach vierzehn Tagen wiederholt.

Schwerer Befall

Möglicherweise wurden die ersten Zeichen eines Mottenbefalls auf die leichte Schulter genommen, und die Population konnte sich rasant vermehren. Starker Befall braucht eine gezielte und abtötende Behandlung. Der alternative Fachhandel bietet ein reines Pyrethrummittel an. Hierbei handelt es sich um das naturreine Gift, das aus einer kenianischen Chrysanthemenart gewonnen wird. Pyrethrum ist ein hoch wirksames Nervengift, das Fliegen, Motten, Käfer und alle Tiere mit einem ungeschützten Nervensystem zuverlässig abtötet. Im Gegensatz zu den vielen im Handel erhältlichen Pyrethrumpräparaten mit eingebautem Synergisten baut sich das naturreine Pyrethrum nach wenigen Stunden unter Einfluss von Sauerstoff und Licht ab. Es löst sich in «nichts» auf und geht den Weg alles Irdischen. Dieses Mittel wird nun durch die Öffnungen und Spalten gesprüht, hinter denen der Insektenbefall vermutet wird. Da die Behandlung keine Langzeitwirkung hat, muss sie nach acht Tagen wiederholt werden.

Pyrethrum selbst ausgebracht

Wer auf den Fachmann verzichten will oder muss – weil dieser die beschriebene ökologische Alternative nicht kennt –, kann die Pyrethrumanwendung selbst durchführen. Einige Vorsichtsmaßnahmen sind notwendig: Tragen Sie eine Atemschutzmaske für Mund und Nase. Ein geeignetes Sprühgerät, das eine gute Zerstäubung aufweist und die Insektizidmischung möglicherweise sogar unter Druckluft ausbringt, sollte verwendet werden. Bei unvertäfelten Küchen mit einem glatten Fußboden reicht unter Umständen ein Pumpsprühgerät oder eine Blumenspritze.

Man stellt die feinste Zerstäubung ein (probieren Sie das Gerät zunächst mit Wasser aus!).

Zusätzlich Pheromonfallen oder eine Futtermischung

Hinter Deckenverkleidungen und Holzvertäfelungen hat das Chrysanthemengift eine lange Wirkungszeit, weil es hinter diesen Wänden stets dunkel bleibt und das Gift dann nur langsam zerfällt. Aus Sicherheitsgründen sollte ein mit Pyrethrum behandelter Raum für mindestens 24 Stunden nicht betreten werden (Sie sollten für einen Tag den Besuch eines Restaurants einplanen). Gleichzeitig werden Pheromonfallen aufgestellt, denn flüchtige und robuste Tierchen können so gleich eingefangen werden.

Für die Schabenbekämpfung gilt ein ähnliches Prinzip. Allerdings wirken die Fallen mit Hormonlockstoffen bei diesen Schädlingen nicht so bedingungslos. Man braucht viele, sehr unterschiedliche Fallen, denn die Kommunikation zwischen Schaben ist ausgeprägt. Gefangene Tiere warnen ihre Artgenossen. Eine ungiftige Futtermischung aus Backpulver und Zucker (Borax und Zucker), zu gleichen Teilen gemischt, hat sich als erfolgreich erwiesen. Dieses für Schaben tödliche Mittel wird den Tieren zum Fraß ausgelegt, während eine Pyrethrumbehandlung parallel erfolgt. Auch glattwandige Konserven, mit Rüböl oder Sirup gefüllt, sind gute Fallen. Ein Pappstreifen dient als «Leiter».

Selbst wenn die Gefahr gebannt scheint – vorüber ist sie erst, wenn auch drei Monate später eine vorsichtige Nachbehandlung stattfindet. Die Brut schlüpft nach drei Monaten!

Hartnäckiger Schabenbefall sollte allerdings einem Fachbetrieb überlassen werden.

Nützlinge gegen Schädlinge

Eine sehr erfolgreiche Methode der Insektenbekämpfung ist ein Vorgehen, das der Natur abgeschaut wurde: Man schickt dem Schädling seinen ureigenen Feind hinterher. «Nützlinge» werden diejenigen Insekten genannt, die den Schädlingen seit jeher gefährlich werden. Streng genommen müsste man auch eine Katze als Nützling bezeichnen, zumal sie die Zahl der Mäuse merklich dezimiert. Doch werden ausschließlich Insekten so bezeichnet, die den Schädling – ebenfalls ein Insekt – fressen oder ihre Eier in diesem ablegen. Nützlinge kann man käuflich erwerben und z.B. gegen Motten oder Zimmerpflanzenparasiten gezielt zum Einsatz bringen. Sie werden in Form von Eiern oder Larven angeboten. Sehr praktisch sind die dünnen Papierstreifen, auf denen die Eier der Nützlinge aufgeklebt sind. Diese Papierstreifen kann man in befallenen Küchen- oder Kleiderschränken unsichtbar platzieren. Über Raiffeisenmärkte oder den ökologischen Fachhandel kann man die Nützlinge bestellen.

Der Schädlingsbekämpfer

Wenn Sie den Verdacht auf einen Schädlingsbefall haben, gilt es zunächst, den «Feind» zu erkennen. Hier helfen Literatur und ein Schädlingsbekämpfer, landläufig auch «Kammerjäger» genannt. Fangen Sie einige Tierchen ein, geben Sie sie in ein gut verschließbares Gefäß, z.B. eine leere Filmdose, und zeigen Sie sie ihm. Er wird als Spezialist Ihnen schnell Auskunft geben und möglicherweise auch die weiteren Schritte der Bekämpfung unterbreiten.

Der Ruf des «Kammerjägers» lässt bei vielen Mitbürgern zu wünschen übrig. Tatsächlich sind die «Profis» häufig Laien. Es gibt keinen Lehrberuf, die Ausbildung ist Sache des Fachbetriebs. Doch eigentlich kann sich jeder einen entsprechenden Gewerbeschein ausstellen lassen und mit der Giftspritze ans Werk gehen. Biologische Bekämpfungsmethoden bleiben noch immer Spezialanwendungen von so genannten Aussteigern. Man kann schon zufrieden sein, wenn die Herrn im grauen Overall die behördlich zugelassenen Gifte fachgerecht ausbringen. Nicht selten wird hemmungslos mit den «empfohlenen» Mitteln hantiert. Die Gesundheit vieler Menschen wurde geschädigt, obgleich Fachbetriebe eine Insektenvernichtung durchgeführt hatten. Inzwischen haben sich einige dieser Geschädigten in Interessengemeinschaften organisiert.

Weil Insektizide zu den so genannten Bedarfsgegenständen zählen, unterliegen sie dem Lebensmittelrecht, sind zulassungsfrei und somit frei im Handel erhältlich. Greifen Sie jedoch nicht zu diesen Insektengiften, denn sie sind in der Regel gefährlicher als der Schädlingsbefall in Ihrer Wohnung!

Vorsicht bei Haushaltsinsektiziden!

Ob ein Hersteller Haushaltsinsektizide beim Gesundheitsamt in Berlin (BGA) zur Prüfung und Anerkennung eingereicht hat, obliegt seiner Entscheidung. Diese Kontrolle ist auf freiwilliger Basis. Allerdings werden nur die amtlich zugelassenen Gifte für eine «Entseuchung» empfohlen. Zugelassene Mittel dürfen sich aber nicht im Handel befinden, sondern gehören einzig und allein in die Hand des Schädlingsbekämpfers.

Es gibt keine empfehlenswerten Mittel zur Schädlingsbekämpfung außer den erwähnten natürlichen und biologischen Methoden. Die Kunst liegt nun darin, bei starkem Befall einen entsprechenden Schädlingsbekämpfer zu finden, der das Pyrethrum gezielt auszubringen weiß. Alle anderen Mittel – vertreibende Düfte, Nützlinge, Fallen und Köderboxen – sind über den ökologischen Fachhandel erhältlich, bzw. Anbieter sind über das Alternative Branchenbuch (Buchhandlung) ausfindig zu machen.

Die Finanzierung

Lassen Sie sich vor der Auftragsvergabe von verschiedenen Firmen Kostenvoranschläge erstellen, die Sie bei schwerem Befall von Schaben, Mäusen, Ratten, Hausbock oder anderen Tierchen dann Ihrem Hausvermieter vorlegen können. Bei meldepflichtigem Befall (Schaben, Hausbock etc.) ist der Vermieter nach der heutigen gesetzlichen Bestimmung verpflichtet, die Maßnahmen durchführen zu lassen. Überzeugen Sie ihn – auch aufgrund des Preisvergleichs – von den ökologischen Alternativen.

Weitere alternative Schädlingsbekämpfungsmethoden

Heißluftverfahren

Heißluftverfahren: Tierische Holzschädlinge, wie der gefürchtete Hausbock, aber auch Pilze werden bei einer Durchwärmung des Holzes mit Temperaturen zwischen 46 und 56 °C abgetötet. Eine

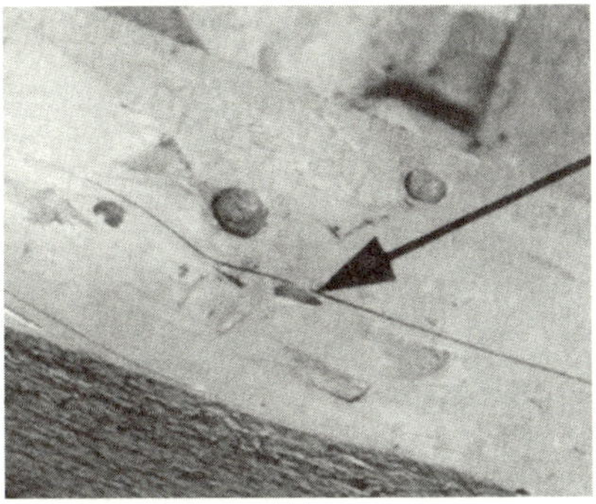

Sichtbare Fluglöcher bei Hausbockbefall.

In Dachbalken, vornehmlich aus Nadelholz, fühlt sich der Hausbock wohl.

Behandlung, die eine Abtötung aller Insekten samt Eiern und Larven im Holz garantiert, dauert nur sechs bis acht Stunden. Die Räumung des Dachbodens ist nicht notwendig. Die Behandlung ist völlig ungiftig und kann zu jeder Jahreszeit durchgeführt werden. Eine anschließende Nachimprägnierung des Holzes mit einem ökologischen Holzschutz (s. oben, S. 46 ff.) wird empfohlen. Die Möglichkeit eines Wiederbefalls nach einer fachgerechten Heißluftbehandlung liegt bei unter einem von tausend Fällen. Seriöse Firmen verweisen auf einen Versicherungsschutz von zehn Jahren und mehr.

Pyrethrum-Blütenextrakt

Pyrethrum-Blütenextrakt: Pyrethrum ist ein natürlicher Stoff, der aus speziellen Chrysanthemenarten gewonnen wird. Das Gift wirkt auf alle Insekten tödlich. Unter dem Einfluss von Licht und Sauerstoff zerfällt dieser Wirkstoff, wie dargestellt, innerhalb weniger Stunden in ungiftige natürliche Substanzen. Die Gesundheitsgefährdung für Menschen und andere Bewohner der zu behandelnden Räume ist kalkulierbar. Nach der Behandlung sollte der Raum für einige Stunden nicht betreten werden. Anschließend ist sämtliches Gift zerfallen. Eben diese kurze Dauer der Wirksamkeit und weiterhin der vergleichsweise hohe Preis für dieses aufwändig gewonnene Gift sind die Gründe, weshalb reines Pyrethrum in der Regel schwer erhältlich ist. Zumeist werden so genannte Pyrethrumprodukte mit einem Synergisten – das häufigste ist Piperonylbutoxid – in ihrer Wirkung verstärkt. Doch wenngleich nach einer Behandlung mit reinem Pyrethrum auch manchmal Insekten noch überleben, ist eine Nachbehandlung wesentlich ungefährlicher als die unkalkulierbare Langzeitwirkung von synthetischen Giften.

Auf keinen Fall darf Pyrethrum mit den synthetischen Pyrethroiden verwechselt werden. Bei diesen handelt es sich um teilweise hochgiftige und gesundheitsgefährdende chemische Nachbildungen des reinen, natürlichen Pyrethrums. Man unterscheidet Langzeit- und Kurzzeitpyrethroide. Besonders vor den Langzeitpyrethroiden wird auch offiziell gewarnt (vom Bundesinstitut für gesundheitlichen Verbraucherschutz und Veterinärmedizin BgVV im Frühjahr 1995). Pyrethroide sind zurzeit die am häufigsten eingesetzten Gifte gegen Schädlinge aller Art (in Deutschland jährlich ca. 12 Tonnen).

Wachstums-regulatoren

Wachstumsregulatoren: Ein Wachstumsregulator ist ein spezielles Hormon, das nur bei Tieren mit Chitinpanzer wirksam ist. Es verhindert die unbedingt wichtige regelmäßige Häutung der Tiere. Weiterhin wird die Fruchtbarkeit der Tiere gestoppt. Somit werden bereits lebende Tiere getötet und die Fortpflanzung verhindert. Man gibt den Wachstumsregulator z.B. bei Flohbefall in Nischen, Ritze und andere Schlupfwinkel, in denen sich Schädlinge verbergen können. Wachstumsregulatoren wirken aber auch auf Nützlinge und sollten deshalb sehr bedacht zum Einsatz gebracht werden. Nach dem heutigen Stand der Wissenschaft sind sie für den Menschen ungefährlich, doch fehlen Langzeiterfahrungen mit diesem immer häufiger verwendeten Insektizid.

Möglicher gezielter Einsatz: Tierflöhe (bei Katzen, Hunden, Vögeln u.a.), Läuse, Schaben.

Köderboxen

Köderboxen: Eine spezielle Methode zur Bekämpfung von Ameisen ist eine Köderbox. Die Arbeiterinnen schleppen die Köder in das Nest ein; ohne dass das Ameisenvolk etwas von der lauernden Gefahr ahnt, werden die Nachzucht und bestenfalls die Königin vergiftet. Eine andere Methode ist bei Ameisen immer erfolglos. Man trifft stets nur einen Teil des Volkes. Die bekämpften Areale werden von den anderen Ameisen strikt gemieden. Es gibt spezielle Köder für die gefährliche Pharaoameise. Vom Bundesgesundheitsamt in Berlin wurden folgende Mittel empfohlen: Rinal®-Pharaoameisen-Köder und Maxforce®-Pharaoameisen-Köder.

Alles ist aus dem Wasser entsprungen!
Alles wird durch das Wasser erhalten!
Ozean, gönn uns dein ewiges Walten!
Wenn du nicht Wolken sendetest,
Nicht reiche Bäche spendetest,
Hin und her nicht Flüsse wendetest,
Die Ströme nicht vollendetest,
Was wären Gebirge, was Ebnen und Welt?
Du bists, der das frischeste Leben erhält.

(Thales)

J.W. Goethe, Faust 2, V. 8435–8443

Wasserfilter und Wasseraufbereitungsanlagen

Unser Wasser ist in Gefahr. Immer häufiger finden sich darin umwelt- und gesundheitsgefährdende Substanzen. Vom Menschen ausgebrachte oder verdampfte Gifte werden mit dem Wasser in den gesamten Ernährungskreislauf transportiert. Arsen, Blei, Quecksilber, Pestizide, Chlorkohlenwasserstoffe oder Nitrat sind zunehmend ein Problem. Hinzu kommen Mikroorganismen wie Bakterien und Viren, aber auch wasserunlöslicher Schmutz oder Schwebeteilchen. Selbst eine ungefährliche Substanz wie Kalk bereitet Probleme, weil sie die Leitungen und die Haushaltsgeräte beschädigt.

Wasserfilter sollen helfen, Pestizide, Gifte oder Kalk zu entfernen. Sie machen das Wasser frei von vielen unerwünschten Stoffen – aber sie entfernen auch viele wertvolle Mineralien.

Wasserfilter gibt es in großer Auswahl, doch keines der angebotenen Geräte ist für jeden Zweck geeignet. Es ist daher sinnvoll, sich zunächst einen Überblick über die verschiedenen Typen und ihre Einsatzmöglichkeiten zu verschaffen.

Quellen der Wasserverschmutzung

Wasser ist das Lebensmittel Nummer eins. Reines Wasser – eben das reine Molekül H_2O – ist destilliertes Wasser und kommt so in der Natur als Trinkwasser nicht vor. Auf seinem Weg, dem immer währenden Kreislauf durch die Luft, die Böden, in die Flüsse und Seen, nimmt Wasser verschiedene Stoffe auf. Zum Teil sind dies lebenswichtige Mineralien und Spurenelemente wie Kalzium, Magnesium oder Zink.

Nicht abbaubare Chemikalien

Früher waren die reinigenden Kräfte der Bodenschichten ausreichend, um alles Schädliche und die Krankheitserreger aus dem Wasser zu entfernen. Daraus erklärt sich, dass Brunnenwasser früher gesund und rein war. Mit Einführung der in Boden und Wasser nicht abbaubaren synthetischen Chemikalien und Gülle hat sich dies grundlegend geändert. Hochgiftige chemische Verbindungen, die einmal in den Boden eingedrungen sind, versickern mit dem Regenwasser ins Grundwasser. Die meisten vor Jahren ausgebrachten Stoffe kommen erst jetzt oder in naher Zukunft im Grundwasser an!

Im schlimmsten Fall stellt die Verunreinigung mit chemischen Substanzen eine große Gefahr dar, etwa wenn Säuglinge durch eine zu hohe Konzentration an Nitrat im Wasser an der so genannten Blausucht sterben. Das Problem der Wasserverschmutzung ist jedoch wesentlich allgemeiner und weiter verbreitet, als dies in solchen Extremfällen zum Ausdruck kommt. Wasser wird täglich genutzt, wird täglich durch Chemikalien verunreinigt und muss von den Wasserwerken unter immer größerem Aufwand gereinigt werden.

Trinkwasserverschmutzung durch Industrie, Landwirtschaft oder Kanalisation

Die Quellen der Trinkwasserverschmutzung sind vielfältig. An erster Stelle ist sicherlich die Industrie zu nennen; je nach Art der Produktion und abhängig vom jeweiligen Industriezweig finden hier verschiedene Formen der Wasserverunreinigung statt. In der Landwirtschaft sind Überdüngung und anfallende Gülle für zu hohe Nitratwerte im Grundwasser verantwortlich; außerdem fällt dort die Belastung durch den Einsatz von «Pflanzenschutzmitteln» immer stärker ins Gewicht. Auch die Kanalisation kann Ursache der Wasserverschmutzung sein: Die oft sehr alten Kanalisationsnetze sind zum Teil undicht, und dabei versickert vielerorts schadstoffbelastetes Abwasser ins Grundwasser. Die Altlasten von alten Industrie- und Gewerbeflächen, von Haus- und Sondermülldeponien und von militärischen Sperrgebieten in den neuen Bundesländern stellen eine weitere Quelle der Oberflächen- und Grundwasserverseuchung dar. Über die schädlichen Emissionen von Kraftwerken und Autos, die unter anderem für den sauren Regen verantwortlich sind, sind wir alle unterrichtet. Schließlich können aber auch alte Hausleitungen für eine nicht zu unterschätzende Verunreinigung sorgen – z.B. weist das Wasser in alten Häusern, in denen noch Bleirohre installiert sind, oft eine erhöhte Bleikonzentration auf.

Private Haushalte

Tatsächlich tragen die privaten Haushalte nur am Rande bzw. indirekt zur Verunreinigung bei. Doch kann man durch ökologische Handlungsweise auch diese scheinbar geringfügige Belastung abermals reduzieren. Vor allem müssen die wasserbelastenden Stoffe gar nicht erst hergestellt werden – die Industrie wird entlastet, und bei energiebewusster Handlungsweise können auch die Emissionen der Kraftwerke und die der Kraftfahrzeuge reduziert werden. In Anbetracht der teils defekten Kanalisationsleitungen sollte man nicht unbedingt auf die Möglichkeiten der Wasserwerke vertrauen, die angeben, dass die von privaten Haushalten eingeleiteten Verunreinigungen aus dem Trinkwasser entfernt werden können.

Leitungswasser

Das von den Wasserwerken gelieferte Leitungstrinkwasser entstammt im Wesentlichen zwei Quellen: Entweder ist es Oberflächenwasser aus Flüssen, Seen oder Talsperren, oder es wird aus dem Grundwasser gewonnen. Durch die bereits erwähnten Verschmutzungen wird es für die Wasserwerke immer schwieriger, die Öffentlichkeit mit unbedenklichem Trinkwasser zu versorgen. In der «Trinkwasserverordnung» (in der DIN 2000 der Trinkwasserverordnung ist die Trinkwasserqualität mit einigen Leitsätzen

Trinkwassergewinnung am Bodensee.

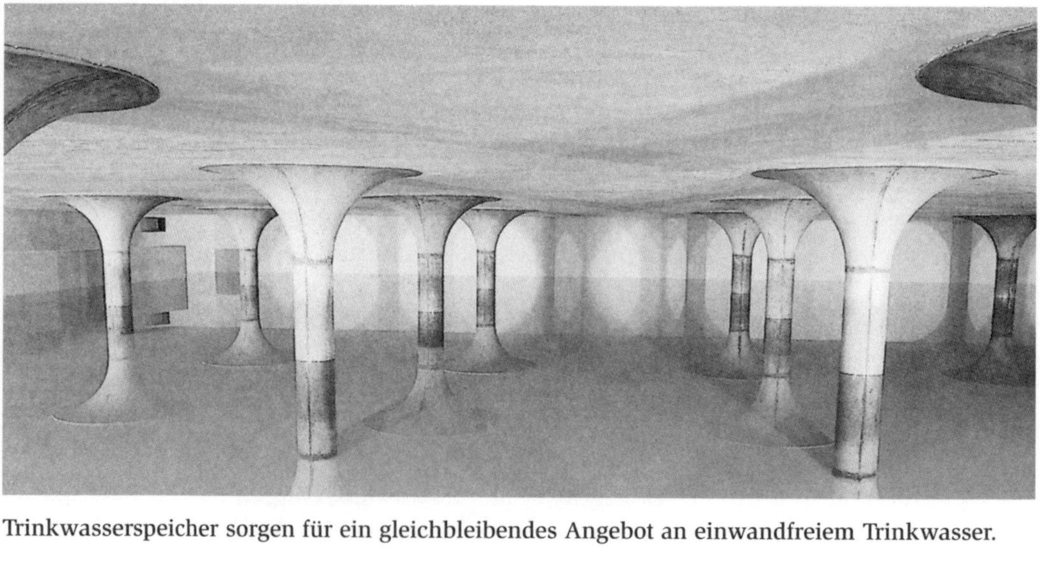

Trinkwasserspeicher sorgen für ein gleichbleibendes Angebot an einwandfreiem Trinkwasser.

definiert) sind vom Gesetzgeber für viele Trinkwasserinhaltsstoffe Grenzwerte festgelegt. Dabei sind diese Werte oft dem Verschmutzungsgrad oder der technischen Machbarkeit angepasst, sonst wären sie gar nicht einzuhalten. Nach dieser Verordnung muss Trinkwasser frei von Krankheitserregern sein, darf der Gesundheit nicht schaden und muss keimarm und appetitlich sein; es soll klar, farb- und geruchlos sowie geschmacklich einwandfei sein; der Gehalt an gelösten Stoffen soll sich in Grenzen halten. Und es sollen keine Korrosionsschäden durch Trinkwasser entstehen.

Seit dem 1. Januar 1991 gilt die Trinkwasserverordnung bis zum Wasserhahn, das heißt, ein Teil der Verantwortung für die Einhaltung der Trinkwasserverordnung liegt beim Inhaber einer Hausinstallation oder beim Hausbesitzer.

Aufbereitung durch Wasserfilter

Kein Filter für alle Fälle

Die Palette von Verfahren der Wasseraufbereitung zur Schadstoffbeseitigung ist vielfältig (Verfahren, die nur großtechnisch von Bedeutung sind, wurden hier außer Acht gelassen), doch jedem Verfahren sind Grenzen gesetzt, jeder Wasserfilter hat Vor- und Nachteile. Es gibt keinen Filter für alle Fälle! Oft werden Kombinationen aus verschiedenen Verfahren eingesetzt, um dieses oder jenes Problem mit einem anderen Filter zu kompensieren. Vor dem Kauf eines Wasserfilters sollten Sie sich ein genaues Bild über Ihre Wasserqualität verschaffen. Häufig sind Wasserfilter überflüssig, und noch häufiger werden die falschen Geräte für den gewünschten Zweck zum Einsatz gebracht und richten dann mehr Schaden als Nutzen an. Ein Problem, das es außerdem zu beachten gilt, ist die Keimbildung in den meisten Geräten.

Ein Tischfilter, meist mit Aktivkohle betrieben, findet sich in vielen Haushalten.

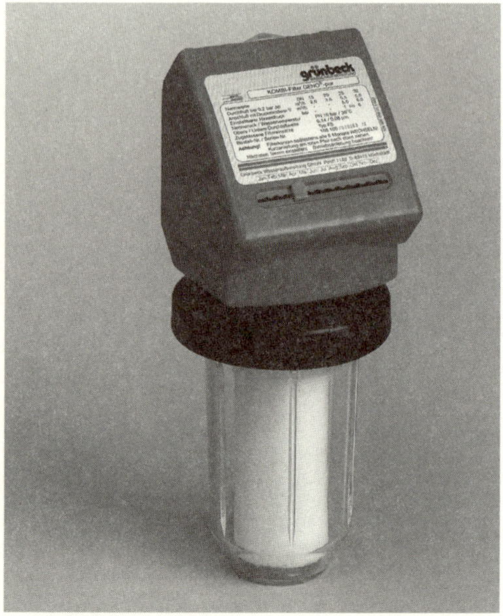

Ein Feinfilter saugt Grob- und Schmutzpartikel auf. Er wird auch bei der Umkehrosmose eingesetzt.

Feinfilter (Schwebstoff-Filter)

Feinste Teilchen werden herausgefiltert

Grundsätzlich werden Feinfilter als Vorfilter eingesetzt. Sie saugen Grob- und Schmutzpartikel auf. Die Porengrößen werden in Mikrometer (µm) angegeben. Ein 50-µm-Filter z.B., wie er oft im Keller eingebaut wird, saugt alle Schmutzteilchen auf, die größer als 50 µm sind. Der Einbau eines solchen Feinfilters ist notwendig, weil oft kleine Schwebstoffe, wie Metallpartikel, die Ursache von Korrosionen in Wasserleitungen sind.

Für eine Osmoseanlage (s. unten) ist ein Feinfilter mit einer Porengröße von 5 µm oder kleiner vorteilhafter.

Aktivkohlefilter

Reduzierung von Chlor, Pestiziden, Herbiziden und anderen giftigen Verbindungen

Die Aktivkohle ist das am weitesten verbreitete Medium zur Wasseraufbereitung. Auch die in vielen Haushalten verwendeten kleinen Tischfilter funktionieren meist auf der Basis von Aktivkohle. Es handelt sich hierbei um eine spezielle Kohle, die aufgrund ihrer porösen Struktur eine große innere Oberfläche besitzt. Viele organische Verbindungen können festgehalten (adsorbiert) werden. Aktivkohle wird in den meisten Filterkombinationen verwendet; sie entfernt oder reduziert Chlor, Pestizide, Herbizide und andere giftige organische, chemische Verbindungen. Außerdem beseitigt sie unerwünschte Geruchs- und Geschmacksstoffe. Geringfügig oder überhaupt nicht entfernt werden Kalk, Schwermetalle und Nitrat. Die Aktivkohle reichert sich mit den zurückgehaltenen Schadstoffen an, bis eine Sättigung erreicht ist. Bei Überschreitung dieser Kapazität besteht die Gefahr des «Ausblutens», das heißt, die gesammelten Schadstoffe werden dann wieder unkontrolliert, in zum Teil hohen Konzentrationen, ins Trinkwasser abgegeben. Es ist also sehr ratsam, auf die vom Hersteller angegebenen Daten zu achten und die Aktivkohleeinheit rechtzeitig auszutauschen.

Granulat-Aktivkohle rechtzeitig austauschen!

Trotz ihrer universalen Einsetzbarkeit gibt es Unterschiede in der Qualität der Aktivkohle. Die in Haushaltsfilteranwendungen eingesetzte Granulat-Aktivkohle wird grundsätzlich nicht regeneriert und darf nach Gebrauch nicht wieder verwendet werden. Manche Aktivkohle hält flüchtige organische Verbindungen, z.B. die Chlorierungsprodukte der Wasseraufbereitung im Wasserwerk, besser fest als andere. Wesentlich wirksamer ist die extrudierte Aktivkohle. Hier liegt die Aktivkohle in Form einer stranggepressten Einheit vor statt lose als Granulat. Diese Aktivkohle-«Stangen» können zusätzlich eingesetzt werden und sind eine Hilfe bei der Entfernung von Blei und manchen Bakterienarten.

Ionenaustauschverfahren

Wasserlösliche Verunreinigungen werden gefiltert

Salze lösen sich im Wasser auf. In gelöster Form werden sie als Ionen bezeichnet. Es handelt sich um elektrisch geladene Teilchen, die entweder positiv (Kationen) oder negativ geladen (Anionen) sind. Diese Lösungseigenschaft macht sich der Ionenaustauscher zunutze. Er wechselt Ionen im Wasser gegen Ionen gleicher Ladung am Austauschmaterial aus. Die meisten organischen Substanzen, z.B. chlorierte Kohlenwasserstoffe, Pestizide, sind «nichtionisch» und werden auch nicht ausgetauscht.

Ein Beispiel: Zur Entfernung von Nitrat wird ein Anionenaustauscher verwendet. Er besteht aus kleinen Kügelchen, die in der Regel aus Kunstharz gefertigt sind und auf deren Oberflächen negativ geladene Chlorid-Ionen sitzen. Bei Berührung der Kunstharzkügelchen mit nitrathaltigem Wasser wird das Nitrat gegen Chlorid ausgetauscht. Das Nitrat bleibt am Austauscher und das Chlorid im Wasser (Chlorid ist nicht gleich Chlor und ungiftig). Daneben werden Nitrit, Phosphat oder Sulfat gegen Chlorid ausgetauscht.

Zur Enthärtung des Wassers wird ein Kationenaustauscher eingesetzt. Hier werden die Härtebildner Kalzium und Magnesium gegen Natriumionen ausgetauscht. Auf gleiche Weise können positiv geladene Ionen wie Schwermetalle (Blei, Cadmium, Arsen u.a.) und Aluminium gegen Natriumionen ausgetauscht werden.

Wartung eines Ionenaustauschers

Die Aufnahmefähigkeit des Austauschers ist erschöpft, wenn alle Ionen auf dem Austauscherharz gegen die entsprechenden Ionen aus dem Wasser ausgetauscht sind. Dann muss das Harz regeneriert, d.h. wieder neu mit den ursprünglichen Ionen beladen werden. Dazu wird in der Regel eine Kochsalzlösung (NaCl) verwendet.

Bei entsprechender Handhabung und Wartung – die Harze dürfen z.B. nicht trocken werden, und das Rohwasser soll möglichst schwebstoff- und eisenfrei sein – sind Ionenaustauscher lange haltbar und in der Regel regenerierbar. Ausnahme sind die «Einweg»-Ionenaustauscher aus kleinen Tischfiltern.

Umkehrosmose

Die Umkehrosmose entfernt 90 % aller im Wasser gelösten Stoffe. Zunächst wird bei diesem Verfahren Wasser unter Druck durch eine halb durchlässige Membran geleitet, die in der Lage ist, die im Wasser gelösten Inhaltsstoffe zurückzuhalten. Da sich nicht alle Stoffe gleich gut filtern lassen, hängt die Trennleistung von der jeweiligen Umkehrosmosemembran ab. Nicht elektrisch geladene Stoffe werden umso besser getrennt, je größer die Moleküle sind bzw. je feiner die Membran ist. Elektrisch geladene Stoffe (Ionen) werden umso besser reduziert, je höher die elektrische Ladung ist: z. B. Kalzium (Ca^{2+}) besser als Natrium (Na^{+}).

Die Arbeitsweise

Das Rohwasser wird zuerst mit einem Feinfilter vorgereinigt, um die Osmosemembran vor Verschmutzung zu schützen. Nachteilig ist ein Eisengehalt von über 0,1 mg/l, ein Mangangehalt von über 0,05 mg/l sowie eine Chlorkonzentration von mehr als 0,1 mg/l im Rohwasser. Zunächst muss für die Reduzierung eines eventuell hohen Eisen- und Manganwertes gesorgt werden. Chlor wird z.B. durch einen Aktivkohlefilter gedämmt.

Mittels einer Pumpe wird das Wasser auf den Betriebsdruck von 3–5 Bar gebracht. Bei diesem Druck werden meist über 90 % der gelösten Stoffe, darunter Nitrat und alle Schwermetalle, eliminiert. Dadurch werden allerdings auch lebenswichtige Mineralien wie Kalzium und Magnesium entfernt.

Hält chlorierte Kohlenwasserstoffe, Pestizide und Bakterien zurück

Organische Inhaltsstoffe, wie chlorierte Kohlenwasserstoffe, Pestizide und Bakterien, werden durch die Membran sehr gut zurückgehalten. Dadurch entsteht auf einer Seite der Membran reines Wasser und auf der anderen ein Konzentrat voll von gelösten Inhaltsstoffen. Um einen Liter dieses reinen Wassers zu erzeugen, braucht man etwa 4–10 l Rohwasser. Das so aufbereitete Wasser wird in einem Vorratsbehälter aufbewahrt. Es ist nahezu vollständig entmineralisiert, das heißt, wie oben dargestellt, dass auch die für den Körper wichtigen Mineralien wie Kalzium und Magnesium entfernt wurden. Manche Umkehrosmoseanlagen sind deshalb mit einem Nachfilter zur Aufhärtung des Wassers ausgerüstet.

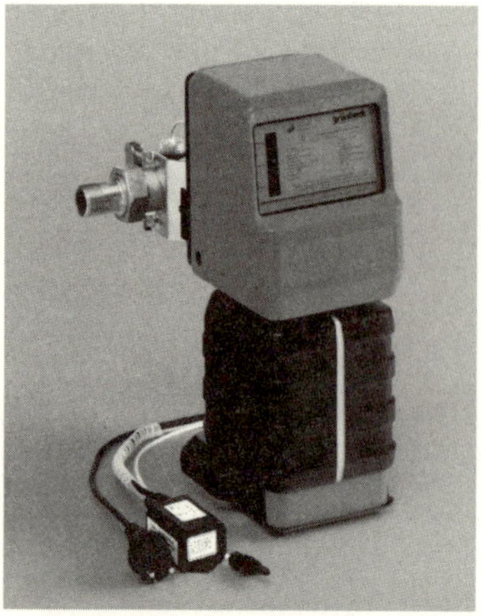

Ein Dosiergerät verhindert die Kalkablagerung.

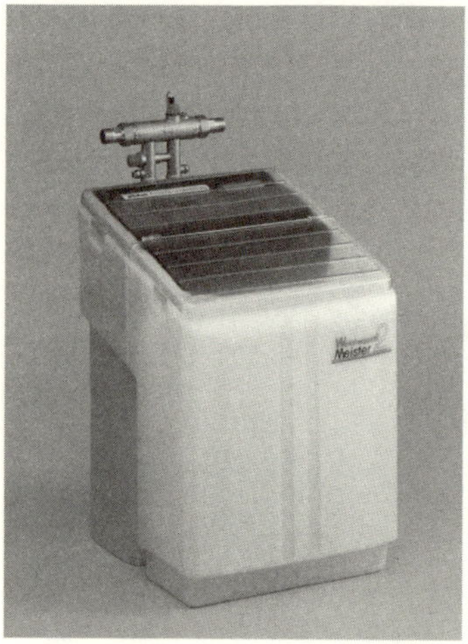

Eine Enthärtungsanlage sorgt für durchgehenden Weichwasserbetrieb.

Eine Umkehrosmoseanlage ist für einen Privathaushalt in der Regel nicht nötig, wenn das Gebäude von einem Wasserwerk versorgt wird. Haushalte, die nicht an das öffentliche Netz angeschlossen sind und sich mit Brunnenwasser versorgen, sollten ihr Wasser dagegen regelmäßig überprüfen lassen. Häufig ist Brunnenwasser heute nicht mehr bedenkenlos genießbar. Hier ist die Umkehrosmoseanlage eine wichtige Hilfe, um eine gründliche Reinigung des Wassers zu erzielen.

Korrosions- und Kalkschutz durch Phosphatdosierung

Phosphatdosieranlagen setzen dem Wasser Phosphat- und Silikatverbindungen zu, um die Ausfällung von Kalzium und Magnesiumcarbonat (Kalk) zu verzögern und die Bildung von Kalkstein zu verhindern. Die Wirksamkeit der Phosphatdosierung ist von präzisen Bedingungen abhängig. Bei sehr kalkhaltigem Wasser (ab Härtebereich 3) und hohen Temperaturen (ab ca. 70 °C) wird sie unwirksam. Außerdem muss die Dosierung sehr exakt sein.

Es bleibt die Diskussion um gesundheitliche Risiken durch Phosphat. In den zugelassenen Mengen soll es nicht gesundheitsschädlich sein. Aber hat man nicht schnell die Menge überschritten, weil auch aus anderen Lebensmitteln Phosphate aufgenommen werden? Auf jeden Fall ist diese Methode für Gesundheit und Umwelt nicht förderlich. In den Gewässern haben Phosphate, die durch Waschmittel eingeleitet wurden, katastrophale Wirkungen gezeigt und wurden deswegen weitgehend durch andere Stoffe ersetzt.

Physikalische Kalkschutzgeräte

Stellen Sie sich vor, die Wasserleitungen in Ihrem Haus oder in Ihrer Wohnung würden nicht mehr verkalken; die Waschmaschine und andere Haushaltsgeräte würden plötzlich einige Jahre länger halten! Außerdem käme es zu einer Ersparnis von Wasch- und Reinigungsmitteln. Eben dies tritt ein, wenn Sie eine Wasserenthärtung durch physikalische Kalkschutzgeräte vornehmen. Es geht um viel Geld, und die Umwelt freut sich ebenfalls.

Bei diesen Geräten gibt es allerdings Unterschiede. Manchmal sind einige Schwankungen und sogar eine gewisse Trägheit in der Wirksamkeit des Verfahrens zu verzeichnen. Verschiedene Einflussfaktoren sind hierfür verantwortlich. Das chemisch-physikalische Verhalten der beteiligten Wasserinhaltsstoffe im Magnetfeld lässt sich bislang nicht durch entsprechende Gesetzmäßigkeiten erklären. Trotzdem haben sich die physikalischen Kalkschutzgeräte in der praktischen Anwendung meistens bewährt. Das Verfahren verändert den Kalk, und er lagert sich nicht mehr an den Leitungen oder den Haushaltsmaschinen ab. Chemisch betrachtet bleiben alle Stoffe im Wasser erhalten. Der Kalk wird quasi inaktiviert.

Unerwünschte Nebenwirkungen für Gesundheit oder Umwelt sind nicht zu erwarten. Im Gegenteil: Die Mineralien Kalzium und Magnesium bleiben erhalten, und das Abwasser bleibt von weiteren Belastungen, z. B. Salz, verschont. Wer eine physikalische Kalkschutzanlage einsetzen möchte, sollte sich auf jeden Fall die Garantie für eine längere Gewährleistung oder das Rückgaberecht schriftlich zusichern lassen. Grundsätzlich lohnt sich der Einbau ab Wasserhärtebereich 3.

Physikalische Kalkschutzgeräte haben sich bewährt.

Eine vorteilhafte Kristallbildung

Die Wirkung der physikalischen Wasseraufbereitung beruht darauf, dass sich das Verhalten einiger Inhaltsstoffe und manche Wassereigenschaften verändern, nachdem das Wasser durch magnetische oder elektrische Felder geströmt ist. Dabei hat das kalkbilden-

Bei physikalischen Kalkschutzgeräten kann man folgende Typen unterscheiden:

1. *Elektronische Geräte:* Die Änderung erfolgt durch elektronisch ausgelöste Impulse im Wasser.
2. *Elektromagnetische Geräte:* Das Magnetfeld wird von einem Elektromagnet erzeugt.
3. *Permanentmagnetische Geräte:* Hier erzeugen Dauermagnete das Magnetfeld.
4. Weitere Systeme basieren auf dem Prinzip der *Elektrolyse* und der *Galvanisierung.*

de Verhalten von hartem Wasser große Bedeutung. Die Anlagen bewirken, dass der Kalk eine «vorteilhafte» Kristallform bildet. Diesen neuen Kristallen fehlt z.B. die Tendenz der Kesselsteinbildung. Die neu entstehenden Kristallgebilde werden mit dem fließenden Wasser ausgeschwemmt oder sammeln sich bei stehendem Wasser als schlammartige, körnige Masse am Boden.

Keimbildung in Wasseraufbereitungsanlagen

Keimbildung Wasserfilter können bei unsachgemäßer oder mangelhafter Wartung Probleme bereiten. Das Hauptproblem ist die Keimbildung. Besonders bei Eigenbrunnenbetreibern ist das Vorhandensein von Colibakterien ein Indiz für die mikrobiologische Verunreinigung des Wassers. Durch Chlorung oder Ozonisierung haben die öffentlichen Wasserversorger dieses Problem zunächst weitgehend beseitigt. Allerdings sind besonders die kleinen Tischfiltergeräte, die in vielen Haushalten verwendet werden, anfällig für eine Wiederverkeimung. Wird das gefilterte Wasser abgekocht, wie dies beim Aufbrühen von Tee oder Kaffee der Fall ist, wird das Problem praktisch gelöst, denn die Keime gehen bei Temperaturen über 80 °C zugrunde. (Vorsicht beim Aufbrühen von japanischem Grüntee, hier sollen die Temperaturen unter 80 °C liegen!)

UV-Bestrahlung

UV-Anlagen werden oft als krönender Abschluss einer Umkehrosmoseanlage eingebaut. In einer solchen Anlage werden Keime durch UV-Bestrahlung getötet. Störfaktoren, die die Funktion erheblich einschränken können, sind Trübungen und organische Substanzen im Wasser.

Chlorung

Vorwiegend in der großtechnischen Aufbereitungspraxis werden Chlor und seine keimtötenden Verbindungen wie Ozon eingesetzt. Die Chlorverbindungen sind unter anderem Kalziumhypochlorid, Natriumhypochlorid oder Chlorkalk. Ihre Anwendung in privaten Wasseraufbereitungsanlagen erfordern fachmännische Kenntnisse, weil sie komplizierte Risiken bergen.

Silberung

Silber ist ein ungiftiger und kostspieliger Stoff, der die Verkeimung verhindern kann. Doch die «Spuren» von Silber (zugelassener Grenzwert der Trinkwasserverordnung ist 0,01 mg/l), die oft in kleinen Tischfiltern eingesetzt werden, reichen nicht aus, um eine Verkeimung zu verhindern. Oft wird gelöstes Silber von solchen Geräten an das gefilterte Wasser abgegeben, was natürlich nicht Sinn der Sache sein kann.

Redoxmedium

Redoxmedium besteht aus Mineralien oder einer speziell für die Wasseraufbereitung hergestellten Legierung in granularer Form. Einfach ausgedrückt funktioniert die Keimtötung wie folgt: Im Wasser werden minimale elektrische Potenziale erzeugt, die für die Keime bei ausreichender Kontaktzeit tödlich sind. Die Bildung von Keimen, Algen und anderen Mikroorganismen wird verhindert. Außerdem entfernen Redoxmedia durch Oxidation fast vollständig Chlor und auch Schwermetalle. Man macht sich diese Methode wirkungsvoll in Verbindung mit anderen Filtersubstanzen zunutze, z.B. Aktivkohle. Redoxmedia sind jedoch relativ wenig verbreitet.

Keramikfilter

Keramikfilter bestehen in der Regel aus natürlichem Material wie Kieselgur. Wegen ihrer sehr feinen porösen Struktur wirken sie wie ein mikroskopisch kleines Sieb. Die Porengröße liegt unter 1 Mikron (ein Millionstel Meter). Dadurch fangen sie die meisten Bakterien und Keime ab. Die Keramikfilterpatronen sind langlebig und brauchen zur Wartung ab und zu eine Abbürstung, wenn der Wasserfluss merklich nachlässt.

Welcher Gerätetyp kann was?

Gerätetyp	*Verfahren*	*Zweck/Leistung*
Klein-/Tischfilter:	Anionenaustauscher	Schadstoffentfernung (Nitrat)
	Kationenaustauscher	Schadstoffentfernung (z. B. Blei), Enthärtung
	Aktivkohle	Schadstoffentfernung (Pestizide [teilweise], Chlorkohlenwasserstoffe)
	Mischbettfilter aus Anionen- und / oder Kationenaustauscher und / oder Aktivkohle	siehe oben
Fest installierte Anlagen:	Anionen-, Kationenaustauscher, Aktivkohle in unterschiedlicher Reihenschaltung, darüber hinaus: Umkehrosmose	Schadstoffentfernung (Nitrat, Pestizide, CKW, Blei), Enthärtung
	Phosphat-/Silikatdosierung	Kalkschutz
	physikalische Wasserbehandlung	(Kalkschutz mit Einschränkungen)

Mögliche Nebenwirkungen von Wasserfiltern

Kationenaustauscher:
- Anreicherung von Natrium oder pH-Wertabsenkung und Erhöhung der Korrosionsgefahr.
- Entfernung von Kalzium und Magnesium als wichtigen Spurenelementen.
- Abwasserbelastung bei der Regeneration.
- Gegebenenfalls Abgabe von Silber.

Anionenaustauscher:
- Anreicherung von Chlorid.
- Abwasserprobleme bei der Regeneration.
- Gegebenenfalls Abgabe von Silber.

Aktivkohle:
- Durchbruchgefahr nach Anreicherung der Schadstoffe auf dem Filter.
- Gegebenenfalls Abgabe von Silber.

Umkehrosmose:
- Hoher Wasserverbrauch.
- Entmineralisierung, d.h. Entfernung von Kalzium und Magnesium als wichtigen Spurenelementen.

Für alle Verfahren gilt gleichermaßen:
- Mangelhafte Kontrolle schränkt die Nutzung der Filterleistung ein.
- Gefahr der Verkeimung der Tischfilter, Geräte und Anlagen und des behandelten Wassers.
- Gefahr der Abgabe von chemischen Substanzen aus den Filtermaterialien oder -beuteln.

Bezugsquellen

Möbel, Teppiche und Textilien:

- Origo. Olle & Manz GmbH, Postfach 17 62 A, 73507 Schwäbisch Gmünd, Telefon 0 180 5 21 42 21. Ausstellungsräume in Hamburg. Kassel, Wiesbaden, Schwäbisch Gmünd und München.

Ökoteppiche:

- EcoFloor GmbH. Hartwig Walter Poser, Nürnberger Straße 22, 91257 Pegnitz, Telefon 0 92 41 7 21 47.

Linoleumböden:

- Donau Tufting Teppichbodenvertrieb GmbH, Steinheilstraße 3, 85053 Ingolstadt.

Lederpflege:

- Tapir Wachswaren GmbH, Allerbachstraße 29, 37586 Dassel-Amelsen.

Waschmittel:

- Abax Naturwaren GmbH, Postfach 11 15, 38001 Braunschweig.
- Bio-Dienst Weiss GmbH, Brandströmstraße 5/3, 72250 Freudenstadt.
- Sodasan GmbH, Nordloher Dorfstraße 18, 26689 Nordloh.
- Sonett OHG, Ziegeleiweg 55, 88693 Deggenhausen.

Farben:

- AGLAIA Naturfarben, Farbenwerke Beek GmbH, Postfach 81 02 24, 70519 Stuttgart, Telefon 07 11 7 25 10 03.
- AURO Pflanzenchemie GmbH, Alte Frankfurter Straße 211, 38002 Braunschweig, Telefon 05 31 2 81 41 41.
- DRITTE HAUT Laden, Adolf Riedel, Alter Färberweg 7, 24814 Sehestedt, 0 43 57 10 49.
- HESEDORFER Naturfarben, Schumacher, Kerker Hirtenweg 50, 27356 Rotenburg (Wümme), Telefon 0 42 61 6 38 88.

- HOLZWEG Naturfarben GmbH, Altenaer Straße 23, 58597 Lüdenscheid, Telefon 0 23 51 2 61 22.
- KREIDEZEIT Naturfarben GmbH, Hindenburgstraße 15, 31195 Lamspringe, Telefon 0 51 83 56 51.
- Livos Pflanzenchemie, Auengrund 10, 29568 Wieren, Telefon 0 58 25 88-0, Telefax 0 58 25 88-60.

Alternative Schädlingsbekämpfung:

- Heißluft-Betriebsgesellschaft Bast mbH, Langbehnstraße 15-17, 22761 Hamburg, Telefon 0 40 89 41 25.
- Aries Umweltprodukte. 27367 Horstedt, Telefon 0 42 88 93 01-0.

Initiativen/Verbände:

- Arbeitsgemeinschaft Ökologischer Forschungsinstitute, Im Energie- und Umweltzentrum, 31832 Springe-Eldagsen. Telefon 0 50 44 9 75-75.
- B.A.U.C.H., Verein für Umweltchemie e.V., Wilsnacker Straße 15, 10559 Berlin.
- BIFAU Berliner Institut für Analytik und Umweltforschung e.V., Obentrautstraße 60-62, 10963 Berlin. Telefon 0 30 2 17 29 02.
- Bremer Umwelt Institut e.V., Wielandstr. 25, 28203 Bremen.
- Die Verbraucher-Initiative e.V. Breite Straße 51, 53111 Bonn. Telefon 02 28 7 26 33 93, Telefax 02 28 7 26 33 99.
- IFOAM (International Federation of Organic Agriculture Movements) Ökozentrum Insbach, 66636 Tholey-Theley. Telefon 0 68 53 51 90, Telefax 0 68 53 3 01 10.
- Internationaler Verband der Naturtextilwirtschaft, Haussmannstraße 1, 70188 Stuttgart. Telefon 07 11 23 27 52, Telefax 07 11 23 27 55.
- Pestizid-Aktions-Netzwerk (PAN e.V.), Nernstweg 32, 22765 Hamburg. Telefon 0 40 39 91 91 00, Telefax 0 40 3 90 75 20.
- Qualitätsverband Umweltverträgliche Latexmatratzen e.V., Richard-Wagner-Straße 33, 28209 Bremen, Telefon 04 21 3 47 78 00.
- Rugmark / Transfair e.V., Remigiusstraße 21, 50937 Köln. Telefon 02 21 9 41 12 53, Telefax 02 21 94 20 40 40.

Museen:

- Deutsches Textilmuseum, Andreasmarkt 8, Krefeld-Linn, Telefon 0 21 51 9 46 94 50.
- Textilmuseum Max Berk, Brahmsstraße 8, 69118 Heidelberg, Telefon 0 62 21 80 03 17.

Die Adressen dieser und anderer Anbieter finden Sie im

- Alternativen Branchenbuch, ISBN 3-925646-21-3 / e-mail: info@ALTOP.de / Internet: http://www.oneworld.de.

Oder Sie erkundigen sich im örtlichen Naturkost- und Naturwarenfachgeschäft; hier kann man Ihnen gewiss weiterhelfen.

Weiterführende Literatur

Wohnen:

B.A.U.C.H. - Verein für Umweltchemie e.V.: *Wohngifte, ein Blick hinter die Fassaden*, B.A.U.C.H., Wilsnacker Str. 15, 10559 Berlin.

Bremer Umwelt Institut: *Gift im Holz. Mit Extrateil Formaldehyd*, Bremer Umwelt Institut e.V., Wielandstr. 25, 28203 Bremen.

Axel Cruse (Hrsg.): *Dicke Luft. Ratgeber gegen Gifte im Wohnraum*, Verlag: Die Verbraucher-Initiative e.V., Bonn 1988.

Wolfgang Maes u.a.: *Elektrosmog - Wohngifte - Pilze. Baubiologie - praktische Hilfe für jedermann*, Karl F. Haug Verlag, Hüthig GmbH, Heidelberg 1999.

Thomas Schmitz-Günther: *Lebensräume. Der große Ratgeber für ökologisches Bauen und Wohnen*, Könemann Verlagsgesellschaft mbH, Köln 1998.

Thomas Schürmann, Egbert Uekermann: *Das verkleidete Fenster. Die Kulturgeschichte der Gardine 1800 bis 2000*, Museumsdorf Cloppenburg 1994.

Farben und Lacke:

Goethes Farbenlehre. Ungekürzte Ausgabe. Einleitungen und Erläuterungen von Rudolf Steiner, Verlag Freies Geistesleben. Stuttgart ^{6}1997.

Renate Jörke: *Färben mit Pflanzen. Textilien selbst gefärbt; Historisches und Rezepte für heute*, Verlag Freies Geistesleben, Stuttgart [7]1990.

Gerd Ziesemann, Martin Krampfer und Heinz Knieriemen: *Natürliche Farben. Anstriche und Verputze selber herstellen*, AT Verlag, Aarau, Schweiz.

Textilien:

Meike Ried, Carina Weber: *Von der Kunst, Baumwolle ohne Chemie zu ernten*, Pestizid Aktions-Netzwerk e.V. Kampagne Cotton Connection. Nernstweg 32, 22765 Hamburg.

Regine Schmeemann (Redaktion: Carina Weber, Jürgen Knirsch, Uwe Friedrich, Helga Stienecke): *Kein Schutz vor Pestizidvergiftungen in Entwicklungsländern. Eine Bestandsaufnahme deutscher und internationaler Bemühungen zur Verbesserung des Schutzes von Pestizidanwendern*, Pestizid Aktions-Netzwerk (PAN) e.V., Nernstweg 32, 22765 Hamburg, 1998.

Werner Christian Simonis: *Wolle und Seide. Der Mensch als Wärmewesen und seine Bekleidung*, Verlag Freies Geistesleben. Stuttgart [6]1995.

Frank Waskow, Katalyse-Institut für angewandte Umweltforschung (Hrsg.): *Hanf & Co. Die Renaissance der heimischen Faserpflanzen*, Verlag Die Werkstatt, Göttingen 1995.

Haushaltsschädlinge:

Christel Sachs, Jutta Koop: *Ungebetene Hausgäste. Ungeziefer vorbeugen und umweltgerecht bekämpfen*, Sachs-Verlag, Roßdorf bei Darmstadt [2]1996.

Udo Sellenschlo, Susanne Kolls: *Ungeziefer verhindern und natürlich bekämpfen*, Ludwig Verlag.

Wasser:

Gabriela Kocsis: *Wasser nutzen, verbrauchen oder verschwenden. Neue Wege zu einem schonenden und sparsamen Umgang mit Wasser und eine naturnahe Abwasserreinigung*, Verlag C.F. Müller. Karlruhe 1988 (Alternative Konzepte, 65).

Gentechnik:

Manfred Kottmann: *Gentechnik Ja? - Nein?, aethera* im Verlag Freies Geistesleben & Urachhaus GmbH. Stuttgart 1999.

VEREIN FÜR ANTHROPOSOPHISCHES HEILWESEN E.V.

Der Verein für Anthroposophisches Heilwesen wurde 1952 von Ärzten und Patienten mit dem Ziel gegründet, eine Medizin bekannt zu machen, die den Menschen als eine Einheit von Körper, Seele und Geist versteht.

Vorbeugende Gesundheitspflege

Es geht nicht nur darum, Krankheiten zu heilen, sondern darum, wie sich der Mensch im Lebensalltag – therapeutisch und medizinisch unterstützt – gesund erhält.

Mit einer intensiven Aufklärungsarbeit versucht der Verein, diesen ganzheitlichen Ansatz zu vermitteln. Durch Vorträge und Seminare zu den verschiedenen Lebensbereichen will er Wege aufzeigen, wie eine vorbeugende Gesundheitspflege gefördert werden kann. Dazu gehört die Herausgabe von Orientierungsschriften wie zum Beispiel die «Beiträge für eine bewusste Lebensführung in Gesundheit und Krankheit», die Lebensfragen von der Kindheit bis zum Alter behandeln und praktische Lebenshilfe bieten.

Aktive Mitgliedschaft

Anliegen des Vereins ist es, initiativfreudige Mitglieder darin zu unterstützen, sich zu einer örtlichen Arbeitsgruppe zusammenzuschließen, die den jeweiligen Gegebenheiten ihres Ortes entsprechend Öffentlichkeitsarbeit leisten kann. Dem Verein sind inzwischen über 80 Arbeitsgruppen und Therapeutika angeschlossen sowie mehrere Schwestervereine im Ausland. Die Unterstützung und Betreuung dieser Einrichtungen ist eine seiner wesentlichen Aufgaben.

Selbstbestimmung und Therapiefreiheit

Ein weiteres Ziel besteht darin, im gesundheitspolitischen Bereich den notwendigen Freiraum für ein allgemeines freiheitliches Gesundheitswesen zu erhalten und zu vergrößern. Die gesetzlich verankerten Rechte auf Selbstbestimmung des Patienten, Therapiefreiheit des Arztes, Vielfalt der Therapierichtungen gilt es heute, gegen vielfache Angriffe von Seiten einer rein naturwissenschaftlich orientierten Medizin zu verteidigen.

Dazu hat der Verein sich mit mehreren Berufsverbänden zusammengetan, um auf die zunehmenden Beschränkungen für die «Besonderen Therapierichtungen» aufmerksam zu machen.

Ein weiteres Ziel umfasst die Förderung und Unterstützung von anthroposophisch orientierten Initiativen im Gesundheitswesen wie Forschungs- und Ausbildungsstätten, Arbeitsgruppen, Therapeutika und Arztpraxen; dieses wird durch die finanzielle Mithilfe und Spendenfreudigkeit aller Mitglieder und Interessenten ermöglicht.

Die Kraft des Vereins, sich für die Verwirklichung dieser Ziele einzusetzen, hängt von seiner Mitgliederzahl ab. Alle diejenigen, die in einem freiheitlichen Gesundheitswesen und in der Unterstützung und Verbreitung der anthroposophischen Medizin ein wichtiges Anliegen sehen, möchten wir daher dazu aufrufen, dem Verein für Anthroposophisches Heilwesen beizutreten und damit seine Wirkensmöglichkeit zu verstärken!

Kontakt:

Verein für Anthroposophisches Heilwesen
Johannes-Kepler-Straße 56
75378 Bad Liebenzell
Telefon (0 70 52) 93 01-0, Telefax (0 70 52) 93 01-10
E-Mail: verein@heilwesen.de
Internet: http://www.heilwesen.de